머리가 확 좋아지는 속담

HR기획 글

차례

1 어휘력을 키워 주는 속담 3

2 재치력을 키워 주는 속담 25

3 순발력을 키워 주는 속담 47

4 지혜력을 키워 주는 속담 69

정답 91

1 어휘력을 키워 주는 속담

속담 초성 낱말 퍼즐

가로 길잡이

1 ○○에 단비
힌트! 같은 말은 가뭄. 오랫동안 비가 내리지 않아 메마른 날씨.

3 ○○ 한 장 아껴서 대들보 썩힌다
힌트! 지붕을 이는 데 쓰는 것으로 흙을 굽거나 시멘트 따위를 굳혀서 만듦. 옛날에 부자는 ○○집, 가난한 사람은 초가집.

4 ○○ 자식 매 한 대 더 때리겠다
힌트! 모양, 생김새, 행동 등이 아름답다. ○○ 얼굴. ○○ 마음.

6 ○○ 끝에 낙이 온다.
힌트! 어렵고 고된 일. 이것을 사서도 한다는 말이 있음.

세로 길잡이

1 ○○는 게 편이라
힌트! 게와 새우의 중간 모양으로 앞의 큰 발에 집게발톱이 있음.

2 ○○는 씹어야 맛이요, 말은 해야 맛이라
힌트! 우리가 먹는 온갖 동물의 살. 쇠○○, 돼지○○.

5 고운 사람 ○○ 데 없고 ○○ 사람 고운 데 없다
힌트! ○○ 말. ○○ 행동.

7 고양이 쥐 ○○.
힌트! 겉으로는 위하는 척하지만 속으로는 언제든 해칠 생각을 한다는 속담.

가로세로 길잡이 글을 잘 읽고 속담 초성 낱말 퍼즐을 완성해 보세요.

가재는 게 편이라더니, 두꺼비와 개구리가 절친이 되었대!

속담 초성 게임

ㄱ ㄲ ㅇ 남이 ㅁ 일가보다 낫다

가는 날이 ㅈ ㄴ

가는 말에 ㅊ ㅉ ㅈ

가랑비에 ㅇ 젖는 줄 모른다

초성 글자에 알맞은 말을 떠올려 속담을 완성해 보세요.

가지 많은 ㄴㅁ에 ㅂㄹ 잘 날 없다

ㄱㄹ 싸움에 ㅅㅇㄷ 터진다

구슬이 ㅅㅁ이라도 꿰어야 ㅂㅂ

굼벵이도 ㄱㄹㄴ ㅈㅈ가 있다

속담 사다리 타기

요리조리 사다리를 타 속담을 완성해 보세요.

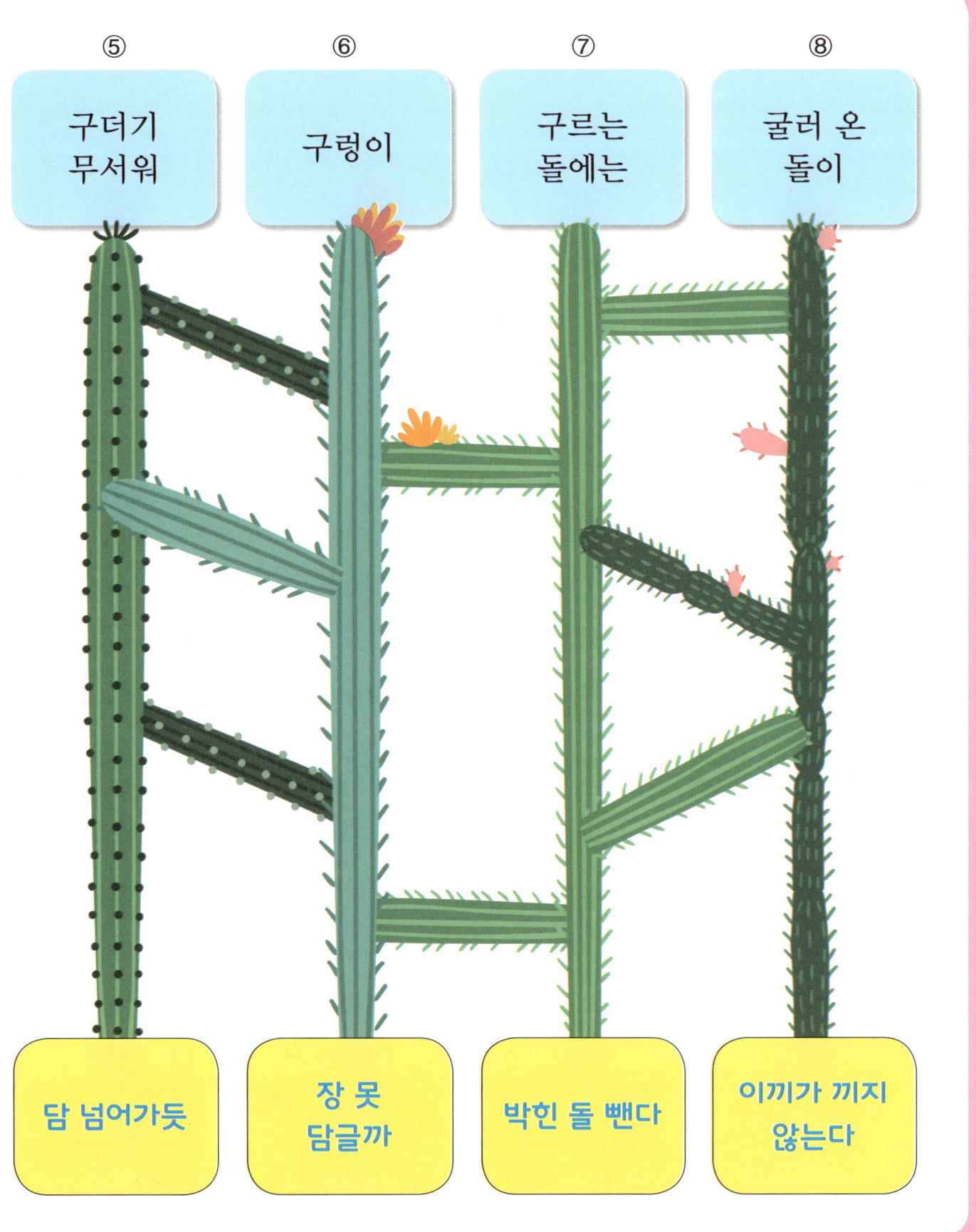

속담 바둑 퍼즐

칫	코	낯	각	귀	기
귀	걸	이	일	신	까
핫	이	올	락	해	엾
샀	않	명	샀	씻	밀
고	앉	관	낫	나	통
양	같	잉	놀	락	바
이	알	곡	할	어	래

- 구관이 (ㅁㄱ)이다
- 궁지에 빠진 쥐가 (ㄱㅇㅇ)를 문다
- (ㄱㅅ) (ㅆㄴㄹ) 까먹는 소리
- 귀신이 (ㄱㅎ) 녹룻이다
- 귀에 걸면 (ㄱㄱㅇ), 코에 걸면 (ㅋㄱㅇ)

급히 먹는 밥이 목이 멘대. 천천히 풀어 봐!

( ) 안에 들어갈 알맞은 말을 바둑판에서 찾아 ◯로 묶어 보세요.

까	마	귀	오	리	야
개	오	호	배	이	마
옳	고	새	없	식	선
리	보	처	찌	후	제
치	릿	앉	벌	경	올
마	자	민	부	스	럼
박	루	착	레	어	책

- 그물을 벗어난 (새)
- 긁어 (부스럼)
- 금강산도 (식후경)
- (까마귀) 날자 (배) 떨어진다
- 꾸어다 놓은 (보릿자루)

금강산도 식후경! 밥이나 먹고 시작할래~!

속담 완성하기

자신에게 이익이 되면 이편에도 붙었다가
저편에도 붙었다가 한다는 말.

ㄱ에 붙었다 ㅆㄱ에 붙었다 한다

이왕이면 더 보기 좋고 마음에 드는 쪽을
고르기 마련이라는 말.

같은 값이면 ㄷㅎㅊㅁ

자기가 잘 알고 관심을 갖는 것이 눈에 더 잘 띈다는 말.

개 눈에는 ㄸ만 보인다

속담 풀이를 읽고 □ 안에 알맞은 말을 써넣어 속담을 완성해 보세요.

일이 바쁘거나 힘들 때는 주는 대로 먹고 자는
개 팔자가 부럽다는 말.

ㄱ 팔자가 ㅅㅍㅈ

평소에는 흔해서 쓸모없게 여기던 것도
막상 필요해서 찾으면 구하기 어렵다는 말.

ㄱㄸ도 ㅇ에 쓰려면 없다

아무리 힘들게 살아도 죽는 것보다
사는 것이 더 낫다는 말.

개똥밭에 굴러도 ㅇㅅ이 좋다

속담 초성 낱말 퍼즐

가로 길잡이

1. 고양이한테 ○○을 맡기다
   힌트! 먹기 위해 잡은 신선한 물고기. ○○ 가게. ○○ 비린내.

3. ○○○ 밑에 누워서 홍시 떨어지기를 기다린다
   힌트! 감이 열리는 나무.

5. ○○○도 닷새가 되면 주인을 안다
   힌트! 개의 새끼. ○○○가 멍멍 짖어요.

6. 가난 ○○는 나라님도 못한다
   힌트! 어려운 처지에 있는 사람을 도와줌. 난민 ○○. 피해 ○○.

세로 길잡이

2. 게으른 ○○ 책장 넘기듯
   힌트! 예전에, 학식은 있으나 벼슬하지 않은 사람을 이르던 말.

4. ○○에 들어온 놈이 아랫목 차지한다
   힌트! 얼마의 시간이 지난 뒤. 지금 말고 ○○에 하렴.

5. ○○도 쓰면 준다
   힌트! 강에 흐르는 물. 흐르는 ○○.

7. 가난한 집 ○○○ 돌아오듯 한다
   힌트! 제사를 지내는 날. 할아버지 ○○○이에요.

가로세로 길잡이 글을 잘 읽고 속담 초성 낱말 퍼즐을 완성해 보세요.

앗, 고래 싸움 구경하다 나 등 터졌어!

속담 초성 게임

나 먹기는 ㅅㅇㄷ
남 ㅈㄱㄴ 아깝다

나무를 보고 ㅅㅇ
보지 못한다

낮말은 ㅅㄱ 듣고
밤말은 ㅈㄱ 듣는다

내 ㅋ가 ㅅ자

초성 글자에 알맞은 말을 떠올려 속담을 완성해 보세요.

ㄴㅅ 먹고 이 ㅆㅅㄱ

노루 ㅍㅎㄴ ㅂ이 온다

누워서 ㄸ ㅁㄱ

늦게 배운 ㄷㄷㅇ 날 새는 줄 ㅁㄹㄷ

속담 사다리 타기

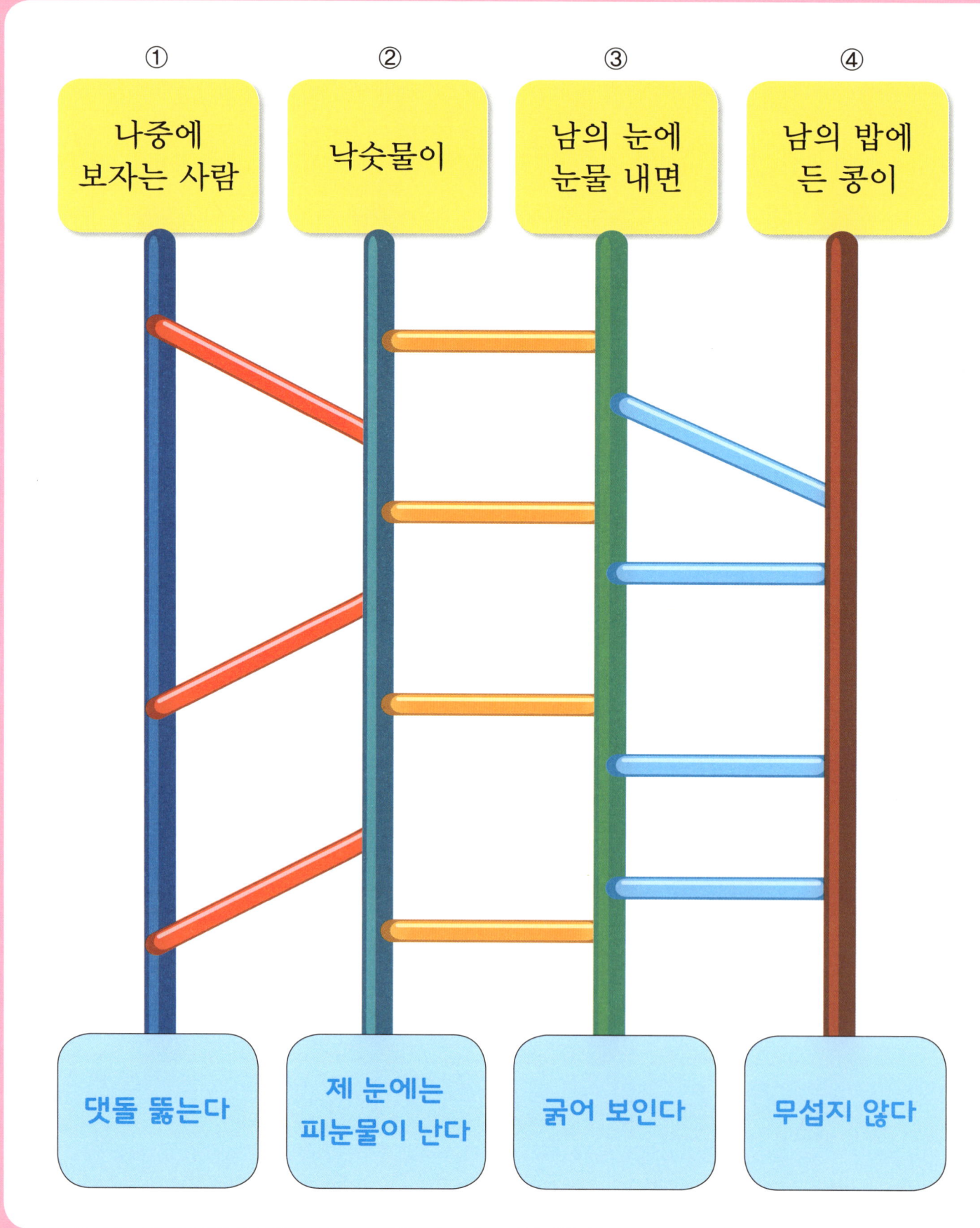

요리조리 사다리를 타 속담을 완성해 보세요.

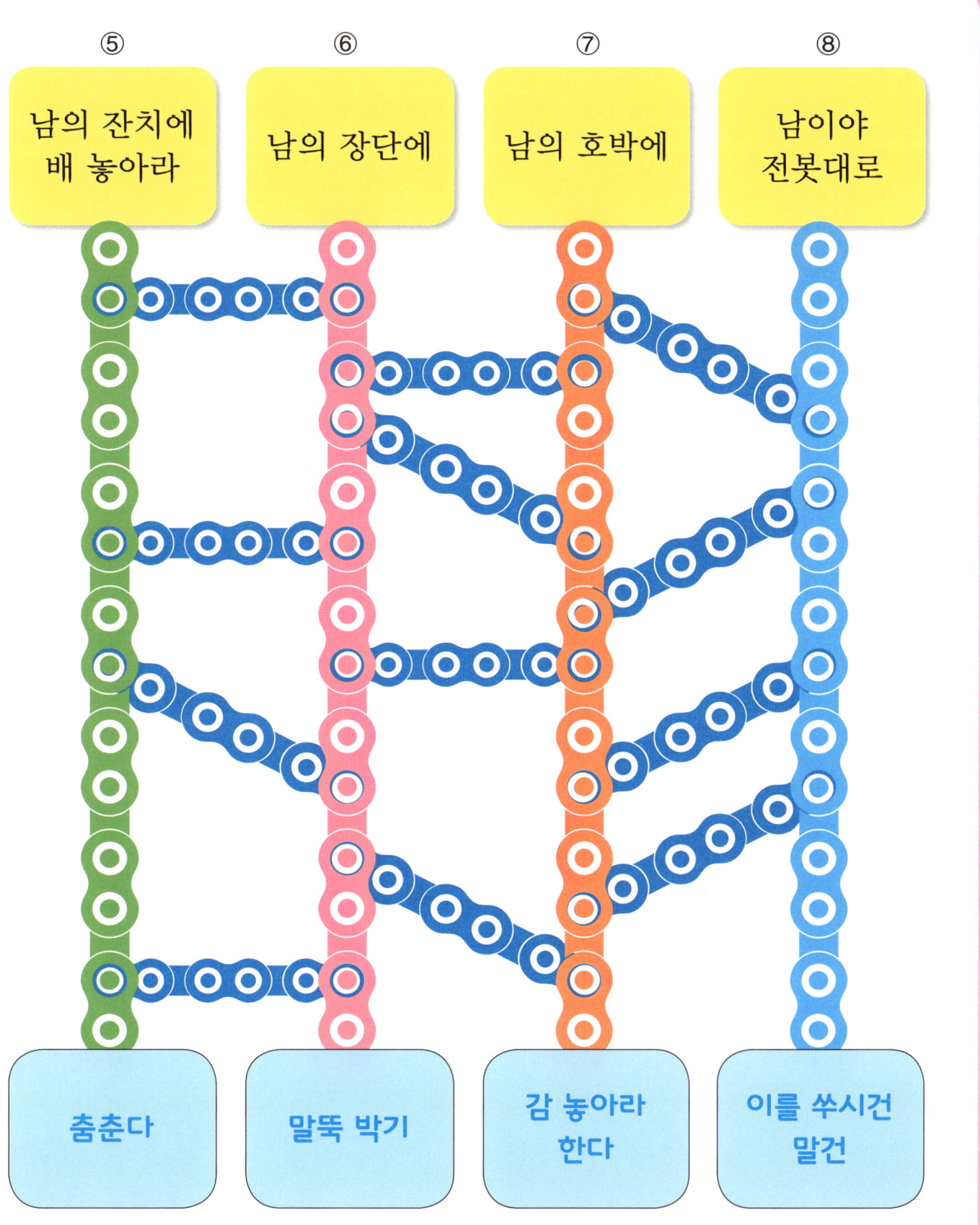

속담 바둑 퍼즐

옷	달	닭	밀	나	간
옷	아	획	전	자	는
칫	난	졸	축	공	쌀
낡	잉	먼	저	기	낫
멀	말	탈	화	역	밝
냉	수	평	고	놀	춤
졸	옥	햇	기	공	역

- (ㄴㄱ) 사람의 (ㅁ)은 있어도 (ㅈㄴ) 사람의 몫은 없다
- 나중 (ㄷㅇㄴ) 놈이 (ㅁㅈ) 달아난 놈을 비웃는다
- (ㄴ) 놓고 (ㄱㅇ) 자도 모른다
- (ㄴㅅ) 먹고 속 차려라
- 놓친 (ㄱㄱ)가 더 커 보인다

저기 정답 보인다!

( ) 안에 들어갈 알맞은 말을 바둑판에서 찾아 ◯로 묶어 보세요.

솔	방	울	표	맛	나
팡	콩	깍	지	느	롱
퐁	이	로	초	릿	달
뻗	어	라	성	느	이
집	티	꽃	만	릿	투
라	옹	매	부	씨	송
호	팔	포	홍	앗	침

- 누울 자리 봐가며 발 (ㅃㅇㄹ)
- 누워서 (ㅊ) 뱉기
- 누이 좋고 (ㅁㅂ) 좋다
- 눈에 (ㅋㄲㅈ)가 씌었다
- (ㄴㄹㄴㄹ) 걸어도 황소걸음

누워서 떡 먹기지?

속담 완성하기

권력이 대단해서 무엇이든 자기 마음대로
하는 사람을 가리키는 말.

나는 ㅅ 도 떨어뜨린다

남을 꾀어 위험한 곳이나 불행한 처지에
빠지게 함을 이르는 말.

나무에 오르라 하고 ㅎ ㄷ ㄴ 격

제아무리 재주가 뛰어난 사람이라고 해도 어떤 일이든
척척 잘해낼 수는 없다는 말.

날면 기는 것이 ㄴ ㅎ ㅈ 못하다

속담 풀이를 읽고 □ 안에 알맞은 말을 써넣어 속담을 완성해 보세요.

남의 일에 쓸데없이 걱정함을 이르는 말.

남 떡 먹는데 ㅍ ㄱ ㅁ 떨어지는 걱정한다

기껏 한 일이 결국 남 좋은 일이 됨을 이르는 말.

남의 ㄷ ㄹ 긁는다

되지도 않는 얄팍한 꾀로 다른 사람을 속이려 든다는 말.

눈 가리고 ㅇ ㅇ

속담 연결하기

속담과 풀이가 서로 어울리는 것을 찾아 선으로 연결해 보세요.

 꿀 먹은 벙어리 • • 한 가지 일로 두 가지 이익을 본다는 말.

 꿩 대신 닭 • • 높은 자리에 있을수록 위험한 일도 많고 적도 많다는 말.

 꿩 먹고 알 먹는다 • • 마음속 생각을 나타내지 못하는 사람을 이르는 말.

 높은 가지가 부러지기 쉽다 • • 적당한 것이 없어서 그와 비슷한 것으로 대신한다는 말.

속담 초성 낱말 퍼즐

가로 길잡이

2 ○○로 제 발등 찍는다
힌트! 장작을 팰 때 사용하는 도구. 금○○ 은○○.

3 ○○에 진주 목걸이
힌트! 꿀꿀거리는 동물.

세로 길잡이

1 ○○도 굴러가다 서는 모가 있다
힌트! 암탉이 낳는 알. 계란이라고도 함.

2 ○○이 제 발 저리다
힌트! 남의 물건을 빼앗거나 훔치는 짓을 하는 사람.

4 닭 쫓던 개 ○○ 쳐다보듯
힌트! 집의 맨 꼭대기 부분을 덮어 씌우는 덮개. 기와○○.

5 ○○ 치고 가재 잡는다
힌트! 매우 좁고 작은 개울. ○○을 건너다 발이 빠졌어요.

6 ○○ 밑이 어둡다
힌트! 기름을 담아 등불을 켜는 데에 쓰는 그릇.

7 될성부른 나무는 ○○부터 알아본다
힌트! 씨앗에서 움이 트면서 최초로 나오는 잎. 보통 두 장임.

가로세로 길잡이 글을 잘 읽고 속담 초성 낱말 퍼즐을 완성해 보세요.

속담 초성 게임

다 된 ㅂㅇ
재 ㅃㄹㄱ

달면 ㅅㅋㄱ
쓰면 ㅂㄴㄷ

닭 잡아먹고
ㅇㄹㅂ 내놓기

ㄷㅌㄹ 키 재기

초성 글자에 알맞은 말을 떠올려 속담을 완성해 보세요.

ㄷㄷㄹ도 ㄷㄷㄱ 보고 건너라

동에 ㅂㅉ 서에 ㅂㅉ

뒷구멍으로 ㅎㅂㅆ 깐다

ㄸ 짚고 ㅎㅇㅊㄱ

속담 사다리 타기

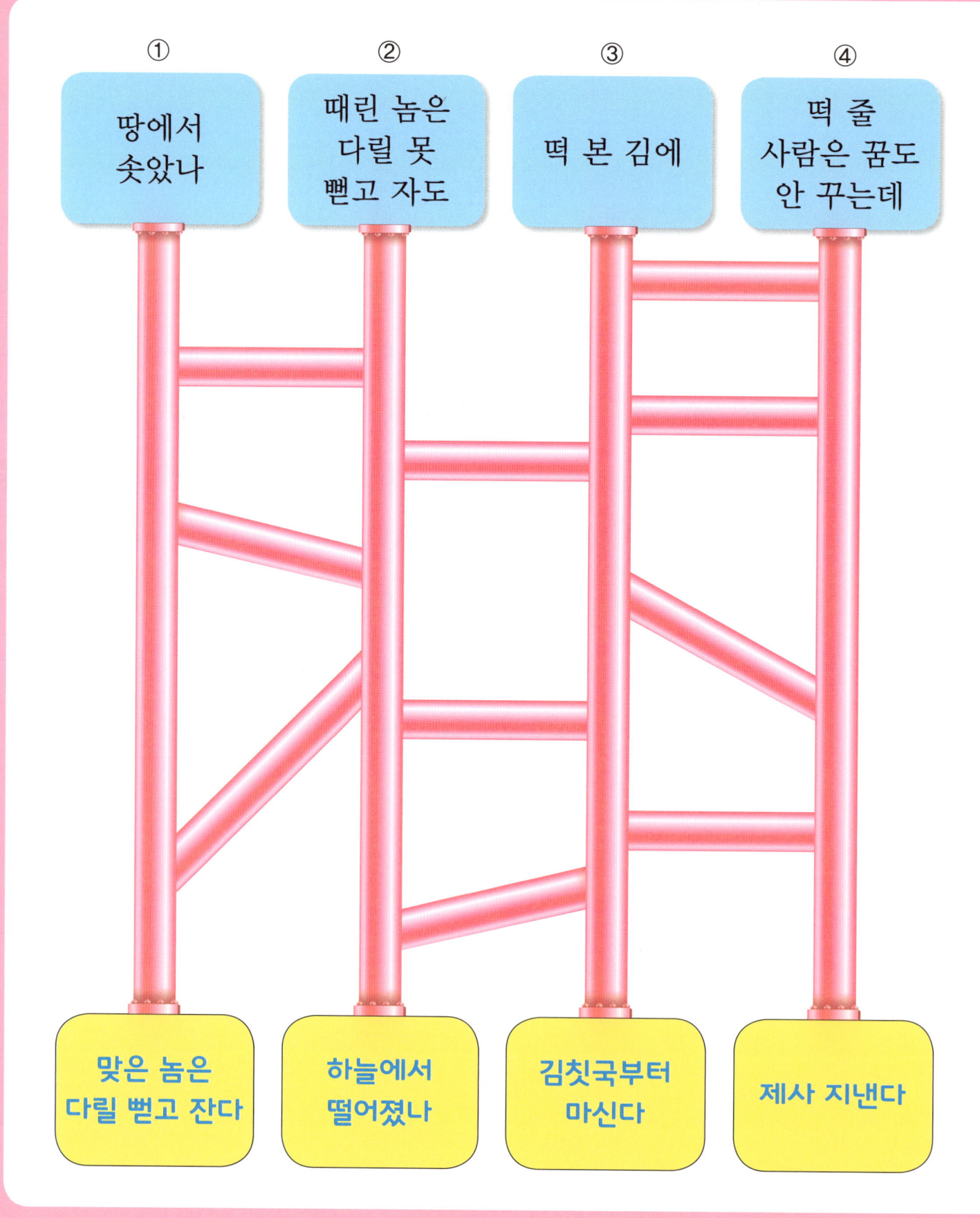

요리조리 사다리를 타 속담을 완성해 보세요.

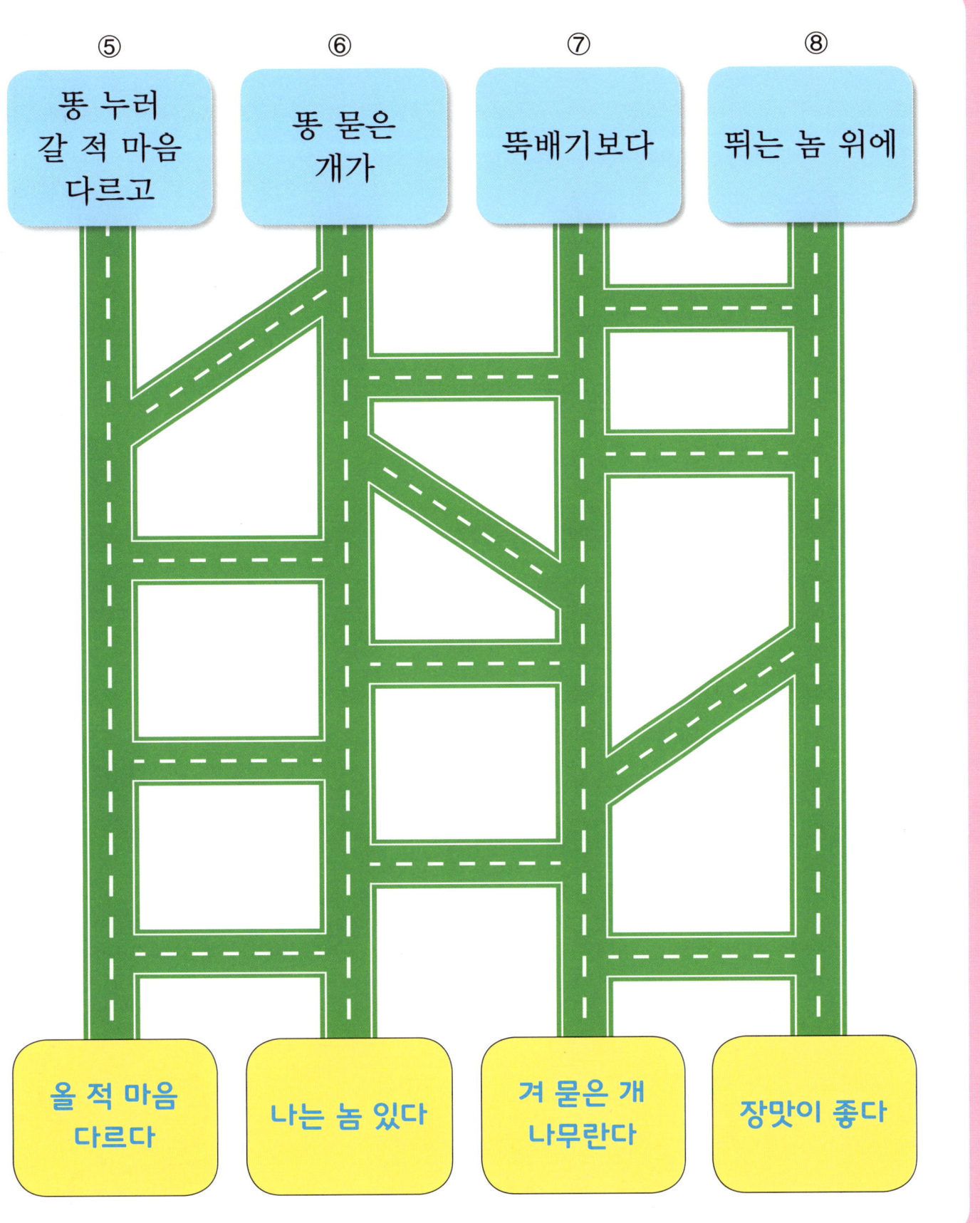

속담 바둑 퍼즐

꽃	면	오	넥	장	불
샘	벼	룩	타	맛	낙
추	사	징	이	알	고
위	천	어	팡	콩	기
냄	냥	좀	먼	저	믹
새	빛	비	빵	진	서
폴	포	킹	봉	격	혹

- 뛰어야 (ㅂㄹ)
- 말 많은 집은 (ㅈㅁ)도 쓰다
- 말 한마디에 (ㅊ) (ㄴ) (ㅂ)도 갚는다
- 말은 해야 맛이고 (ㄱㄱ)는 씹어야 맛이다
- 매도 (ㅁㅈ) 맞는 놈이 낫다

어때, 식은 죽 먹기지? 헤헤!

( ) 안에 들어갈 알맞은 말을 바둑판에서 찾아 ◯로 묶어 보세요.

포	도	청	놋	쇠	쨍
칭	얼	칭	얼	이	웃
우	웃	메	미	외	랄
물	음	뚜	류	나	랑
삶	치	기	나	서	활
달	료	풍	무	울	동
사	촌	선	앗	기	톳

- 먼 (ㅅㅊ)보다 가까운 (ㅇㅇ)이 낫다
- (ㅁㄸㄱ)도 유월이 한철이다
- 모로 가도 (ㅅㅇ)만 가면 된다
- 목구멍이 (ㅍㄷㅊ)
- 목마른 놈이 (ㅇㅁ) 판다

낫 놓고 기역 자도 몰라?

속담 완성하기

소식이 없는 것이 곧 기쁜 소식이나 다름없다는 말.

무소식이

어렵고 힘든 일도 끊임없이 노력하면 이룰 수 있다는 말.

무쇠도 갈면  된다

물에 빠지거나 비에 홀딱 젖어서 옷차림이 초라하고 우스꽝스러워진 모습을 빗댄 말.

물독에 빠진  같다

속담 풀이를 읽고 □ 안에 알맞은 말을 써넣어 속담을 완성해 보세요.

위급한 상황에서는 무엇이나 닥치는 대로 잡고 늘어지게 된다는 말.

물에 빠지면 ㅈㅍㄹㄱ 라도 움켜쥔다

지나치게 결백하면 사람이 따르지 않는다는 말.

물이 너무 맑으면 ㄱㄱ 가 모이지 않는다

하찮고 별 볼일 없던 사람이 성공하여 대단한 인물이 되었다는 말.

미꾸라지 ㅇ 됐다

속담 초성 낱말 퍼즐

가로 길잡이

1. ○○ 쓰고 세수한다
   힌트! 옛날에 상투를 튼 남자들이 머리카락을 걷어 올려 흘러내리지 않도록 머리에 두르던 그물처럼 생긴 물건.

3. ○○에게 열쇠 준다
   힌트! 남의 물건을 빼앗거나 훔치는 사람. 경찰이 ○○을 잡았어요.

4. 마른논에 물 ○○
   힌트! '물을 끌어 들이다'라는 뜻의 '대다'라는 말에 '-기'를 붙임.

6. ○○이 풀어지면 하는 일이 가볍다
   힌트! 사람의 생각, 감정, 기억 따위가 생기거나 자리 잡는 곳. ○○을 비워라. 안 좋은 일은 ○○에 담아 두지 마라.

세로 길잡이

1. ○○가 가벼우면 못이 솟는다
   힌트! 주로 벽에 못을 박을 때 사용하는 연장.

2. ○○ 차면 기운다
   힌트! 하늘에 떠 있고, 밤에 빛을 냄. 보름○. 초승○.

5. 달걀로 바위 ○○
   힌트! '치다'라는 말에 '-기'를 붙임.

7. 맞기 싫은 매는 맞아도 먹기 싫은 ○○은 못 먹는다
   힌트! 사람이 먹을 수 있도록 만든, 밥이나 국, 반찬 따위.

가로세로 길잡이 글을 잘 읽고 속담 초성 낱말 퍼즐을 완성해 보세요.

속담 초성 게임

마파람에 ㄱ 눈 ㄱㅊㄷ

말 안 하면 ㄱㅅ도 모른다

말이 ㅆㄱ 된다

맛없는 ㄱ이 뜨겁기만 하다

초성 글자에 알맞은 말을 떠올려 속담을 완성해 보세요.

먼저 ㄲㄹ 친 ㄱ 나중 먹는다

물에 ㅁㅌㄷ 술에 ㅅㅌㄷ

물에 빠진 ㄴ 건져 놓으니까 내 ㅂㅈ 내놓으라 한다

물이 ㄱㅇㅇ 고기가 모인다

속담 사다리 타기

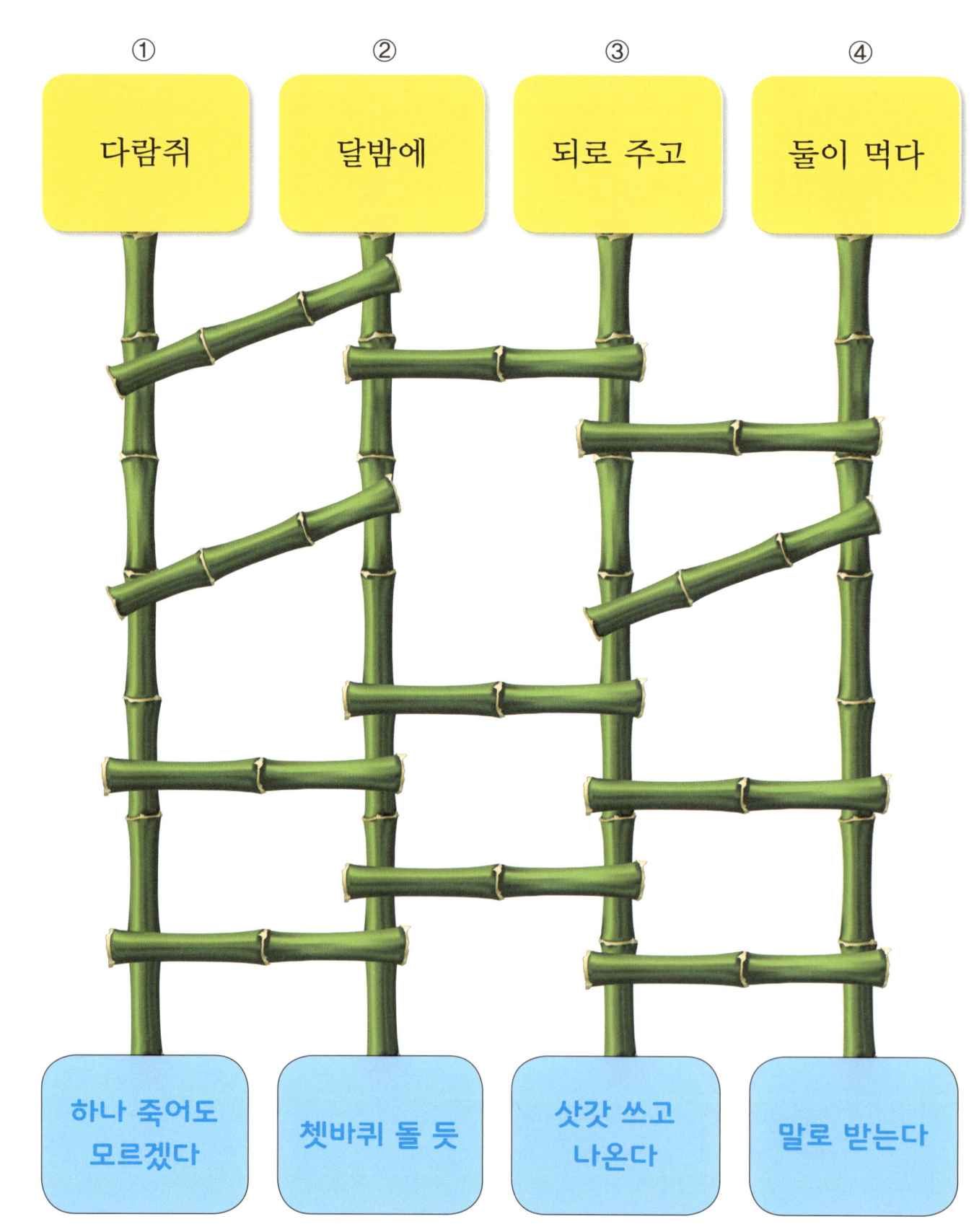

① 다람쥐　② 달밤에　③ 되로 주고　④ 둘이 먹다

하나 죽어도 모르겠다　쳇바퀴 돌 듯　삿갓 쓰고 나온다　말로 받는다

요리조리 사다리를 타 속담을 완성해 보세요.

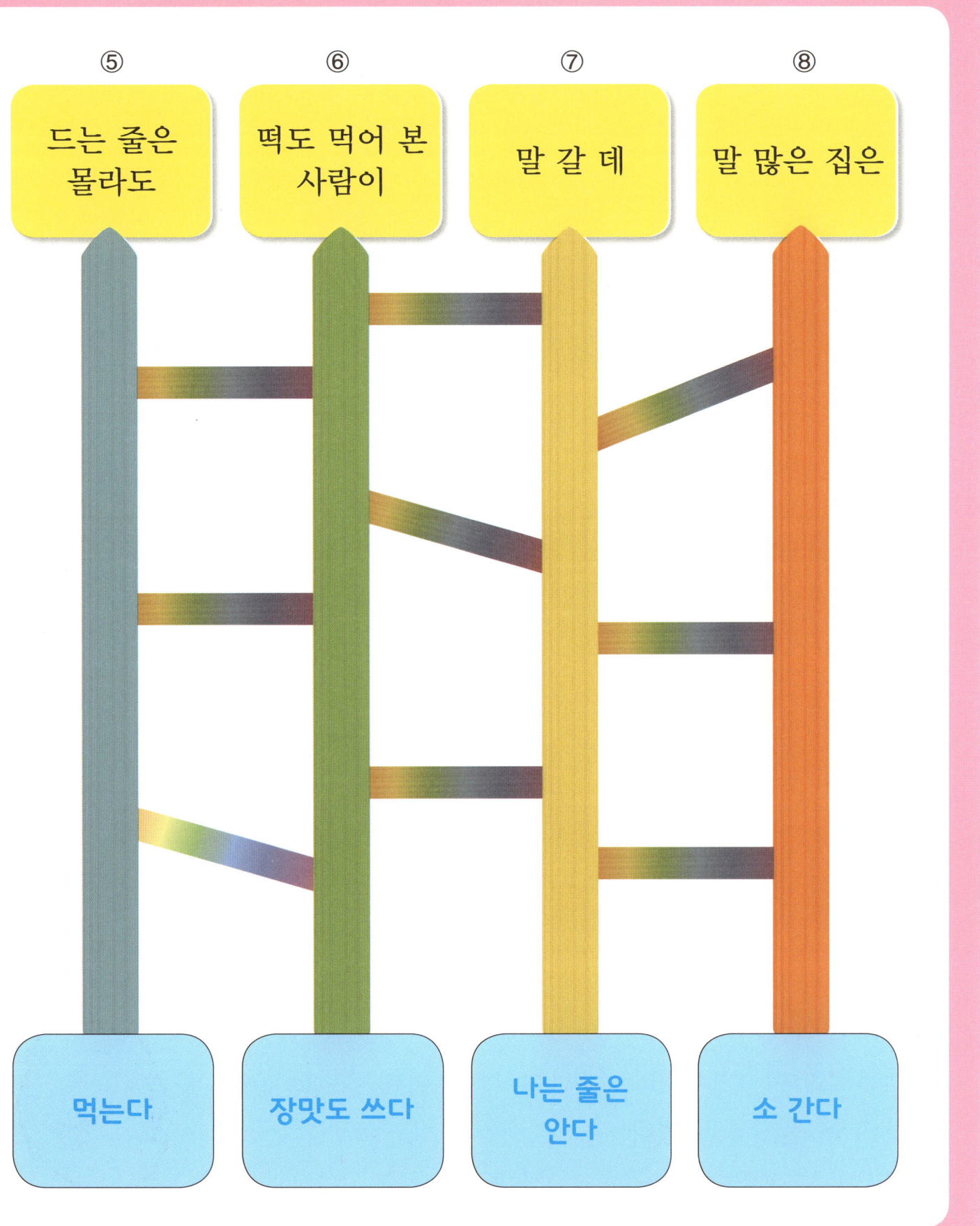

속담 바둑 퍼즐

병	촐	약	랑	출	렁
욕	심	쟁	이	우	훗
탈	제	공	용	트	림
미	자	중	웅	절	차
꾸	리	그	장	덩	지
라	락	림	틈	동	이
지	맹	자	최	화	망

- 말똥도 세 번 굴러야 (ㅈㅈㄹ)에 선다
- 모르면 (ㅇ)이요 아는 게 (ㅂ)
- 물 부어 샐 (ㅌ) 없다
- 미꾸라짓국 먹고 (ㅇㅌㄹ)한다
- (ㅁㄲㄹㅈ) 한 마리가 온 (ㅇㄷㅇ)를 흐려 놓는다

매도 먼저 맞는 놈이 낫대. 얼른 풀어 봐!

( ) 안에 들어갈 알맞은 말을 바둑판에서 찾아 ◯로 묶어 보세요.

파	리	소	리	모	래
절	도	끼	찾	소	고
임	미	정	홍	쉬	어
하	형	운	않	본	셨
나	태	이	잣	전	당
고	단	아	발	등	운
리	운	송	입	낭	닭

- 미끄러진 김에 (ㅅㅇ) 간다
- (ㅁㅇ) 아이 떡 (ㅎㄴ) 더 준다
- 미운 정 (ㄱㅇ) 정
- 믿는 (ㄷㄲ)에 (ㅂㄷ) 찍힌다
- 밑져야 (ㅂㅈ)

밑져야 본전이니 한번 풀어 봐!

속담 완성하기

마음속으로는 하고 싶은 생각이 간절하다는 말.

마음은 ㄱ ㄸ 같다

귀엽게 키운 막내딸을 시집보내려니 섭섭하여 친정어머니가 대신 가고 싶다는 말.

막내딸 시집보내느니 ㅊ ㅈ ㅇ ㅁ 가 대신 간다

예사롭게 하는 말 속에 숨은 뜻이 있다는 말.

말 속에 ㅃ 가 있다

속담 풀이를 읽고 □ 안에 알맞은 말을 써넣어 속담을 완성해 보세요.

말이 많으면 필요없는 말도 하게 되어 그 결과가 좋지 않다는 말.

ㅁ 은 적을수록 좋다

막힘 없이 말을 아주 잘한다는 말.

말은 ㅊ ㅅ ㅇ ㅅ 같다

무슨 일이든지 든든하게 해 놓는 것이 좋다는 말.

매사 불여 ㅌ ㅌ

속담 연결하기

속담과 풀이가 서로 어울리는 것을 찾아 선으로 연결해 보세요.

마른 하늘에 날벼락

• • 내 것으로 만들지 못할 바에는 남도 갖지 못하게 만들자는 못된 마음을 이르는 말.

못된 송아지 엉덩이에 뿔난다

• • 뜻하지 않은 상황에서 뜻밖의 어려움과 괴로움, 불행한 일을 만났을 때 하는 말.

못 먹는 감 찔러나 본다

• • 못된 사람이 비뚤어진 행동만 한다는 말.

밑 빠진 독에 물 붓기

• • 아무리 벌어도 쓸 곳이 많아 늘 모자랄 때 쓰는 말.

3 순발력을 키워 주는 속담

속담 초성 낱말 퍼즐

가로 길잡이

1. ○○ 싸움은 칼로 물 베기
   힌트! 결혼한 남녀로 남편과 아내를 말함.

3. ○○○으로 하늘 가리기
   힌트! 손의 바닥. 손등 말고 ○○○으로 쳤어요.

5. ○○○도 맞들면 낫다
   힌트! 하얀 종이의 낱장.

6. ○○가 황새 따라가면 다리가 찢어진다
   힌트! 등 쪽은 진한 붉은 갈색, 배 쪽은 누런 갈색이고 부리는 짧으며 꽁지는 긴 우리나라 텃새. 행동이 무척 빠름.

세로 길잡이

2. ○○는 망해도 삼 년 먹을 것이 있다
   힌트! 재물이 많아 살림이 넉넉한 사람.

4. ○○를 차면 제 발부리만 아프다
   힌트! 산에 가면 흔히 보는 부피가 큰 돌.

5. ○ ○ 듣는 것이 한 번 보는 것만 못하다
   힌트! 아흔아홉 번 다음.

7. ○○○ 보자고 초저녁부터 기다린다
   힌트! 새벽에 보이는 달.

가로세로 길잡이 글을 잘 읽고 속담 초성 낱말 퍼즐을 완성해 보세요.

백지장도 맞들면 낫대. 우리 같이 풀자!

속담 초성 게임

ㅂㄴ 가는 데 ㅅ 간다

바늘 ㄷㄷ이 소 ㄷㄷ 된다

바늘구멍으로
ㅎㅅㅂㄹ 들어온다

바늘구멍으로
ㅎㄴ 보기

초성 글자에 알맞은 말을 떠올려 속담을 완성해 보세요.

발 없는 ㅁ이 ㅊ리 간다

배보다 ㅂㄲ이  ㄷㅋㄷ

번갯불에 ㅋ 볶아 먹겠다

불난 집에 ㅂㅊㅈ한다

속담 사다리 타기

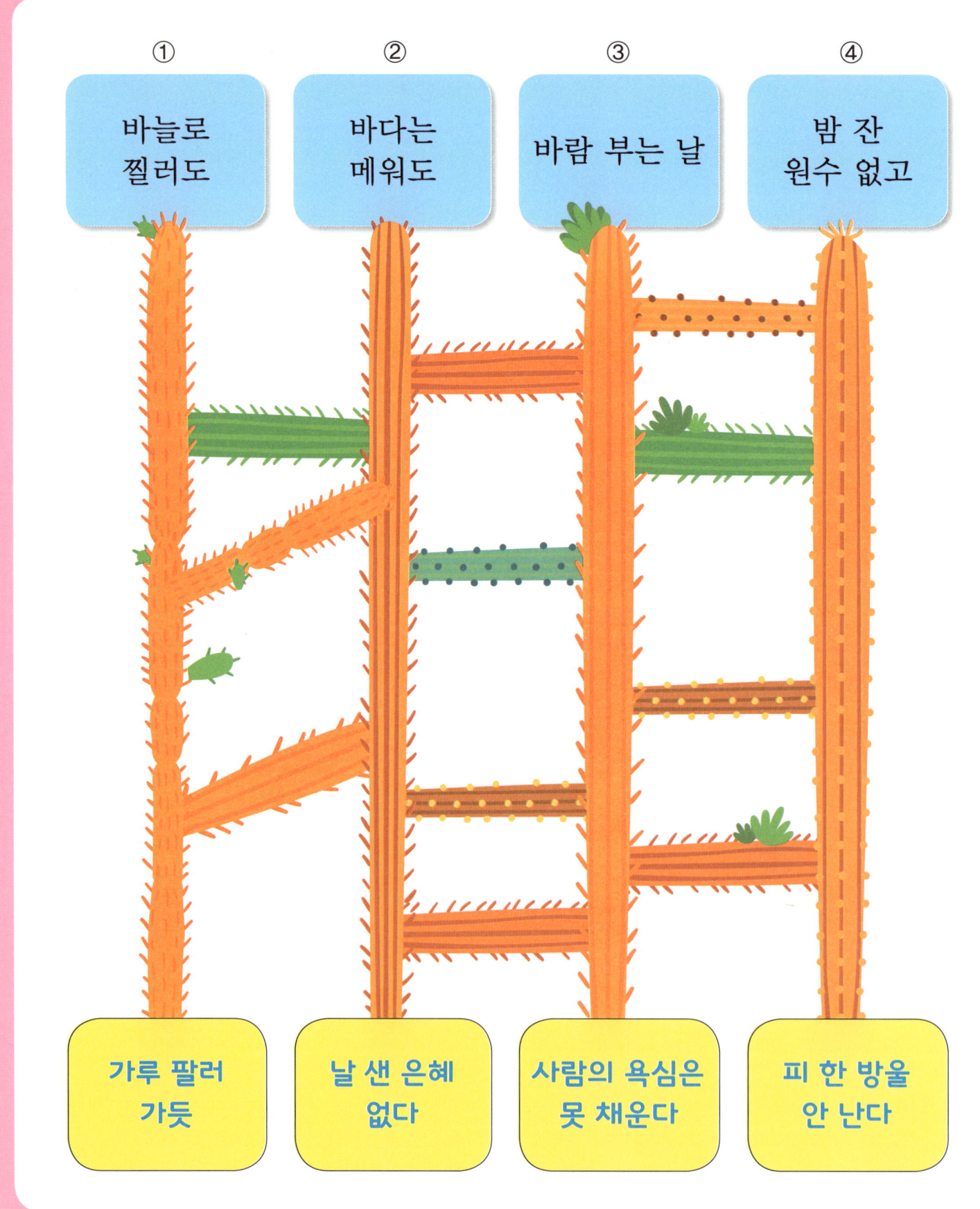

요리조리 사다리를 타 속담을 완성해 보세요.

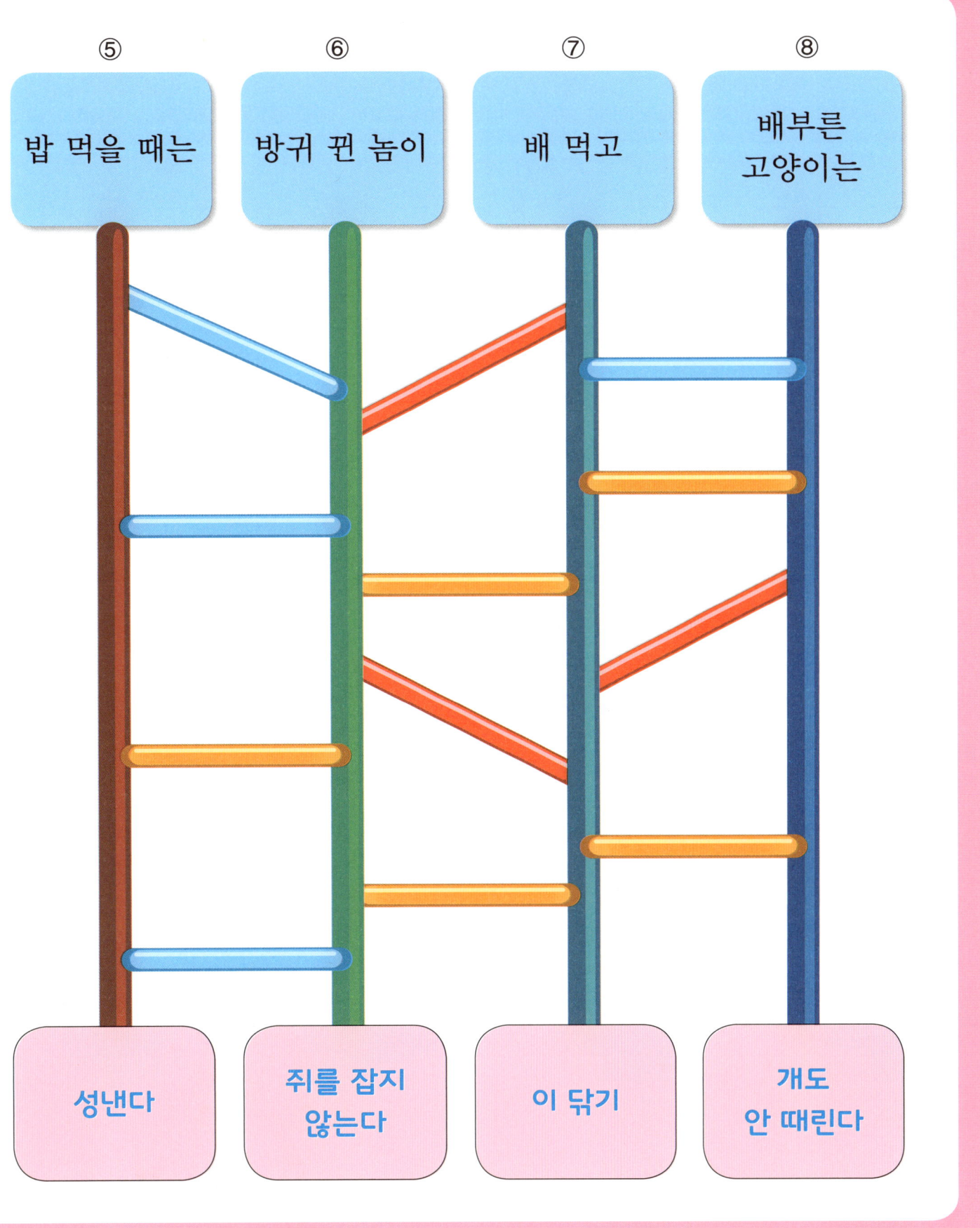

속담 바둑 퍼즐

자	천	둥	힌	두	교
연	사	골	국	울	맛
기	냉	나	죽	는	다
념	착	가	신	사	복
고	시	골	슴	용	낯
개	현	실	참	깨	짝
를	상	상	혈	소	판

- 번개가 잦으면 (ㅊㄷ)을 한다
- 범도 죽을 때 제 굴에 가서 (ㅈㄴㄷ)
- 벙어리 (ㄴㄱㅅ) 앓듯
- 벼 이삭은 익을수록 (ㄱㄱㄹ) 숙인다
- 벼룩도 (ㄴㅉ)이 있다

벼룩도 낯짝이 있다고, 좀 풀고 놀아라!

( ) 안에 들어갈 알맞은 말을 바둑판에서 찾아 ◯로 묶어 보세요.

소	학	귀	코	신	부
금	생	략	촛	불	채
선	녀	약	새	부	질
병	빙	화	우	뚜	비
하	먹	기	도	막	밀
루	수	소	랑	맑	음
상	팥	화	꽃	게	야

- 벽에도 (ㄱ)가 있다
- (ㅂ) 주고 (ㅇ) 준다
- 보기 좋은 떡이 (ㅁㄱㄷ) 좋다
- (ㅂㄸㅁ)의 (ㅅㄱ)도 집어넣어야 짜다
- 불난 집에 (ㅂㅊㅈ)한다

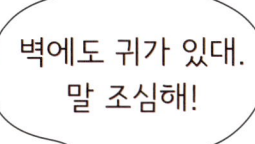
벽에도 귀가 있대. 말 조심해!

속담 완성하기

자식을 애지중지 기르는 부모의 사랑을 빗댄 말.

불면 ㄴㅇㄱ 듯 쥐면 꺼질 듯

시련을 겪은 뒤에 더 강해진다는 말.

비 온 뒤에 ㄸ 이 굳어진다

생색이 나지 않는 공연한 일에 애쓰고도 보람이 없는 경우를 말함.

비단옷 입고 ㅂㄱ 가기

속담 풀이를 읽고 □ 안에 알맞은 말을 써넣어 속담을 완성해 보세요.

실속 없는 사람이 겉으로 더 떠들어 댐을 빗댄 말.

빈 ㅅ ㄹ 가 요란하다

조그만 일을 해결하려고 하다가 큰일을 망친다는 말.

빈대 잡으려다 ㅊ ㄱ ㅅ ㄱ 태운다

겉은 그럴듯하지만 속은 형편없다는 말.

빛 좋은 ㄱ ㅅ ㄱ

속담 초성 낱말 퍼즐

가로 길잡이

2 ○○ 앞의 등불
힌트! 공기의 움직임. 시원한 ○○이 불어요.

3 배부르니까 평안 ○○도 부럽지 않다
힌트! 조선 시대에 둔, 각 도의 으뜸 벼슬. 같은 말은 관찰사.

세로 길잡이

1 ○○ 깊은 나무 가뭄 안 탄다
힌트! 식물의 밑동으로서 땅속에서 수분과 양분을 빨아올리는 기관.

2 ○○ 잃고 도끼 낚는다
힌트! 옷을 꿰맬 때 쓰는, 가늘고 끝이 뾰족한 물건.

4 ○○ 가는데 총 놓고 간다
힌트! 총이나 활 따위로 산이나 들의 짐승을 잡는 일.

5 사람과 ○○은 많을수록 좋다
힌트! 음식이나 물건 따위를 담는 기구. 설거지할 ○○이 쌓여 있어요.

6 보리밥 알로 ○○ 낚는다
힌트! 잉엇과의 민물고기.

7 사람은 ○○보다 마음이 고와야 한다
힌트! 눈, 코, 입이 있는 머리의 앞면. 엄마 ○○을 그려요.

가로세로 길잡이 글을 잘 읽고 속담 초성 낱말 퍼즐을 완성해 보세요.

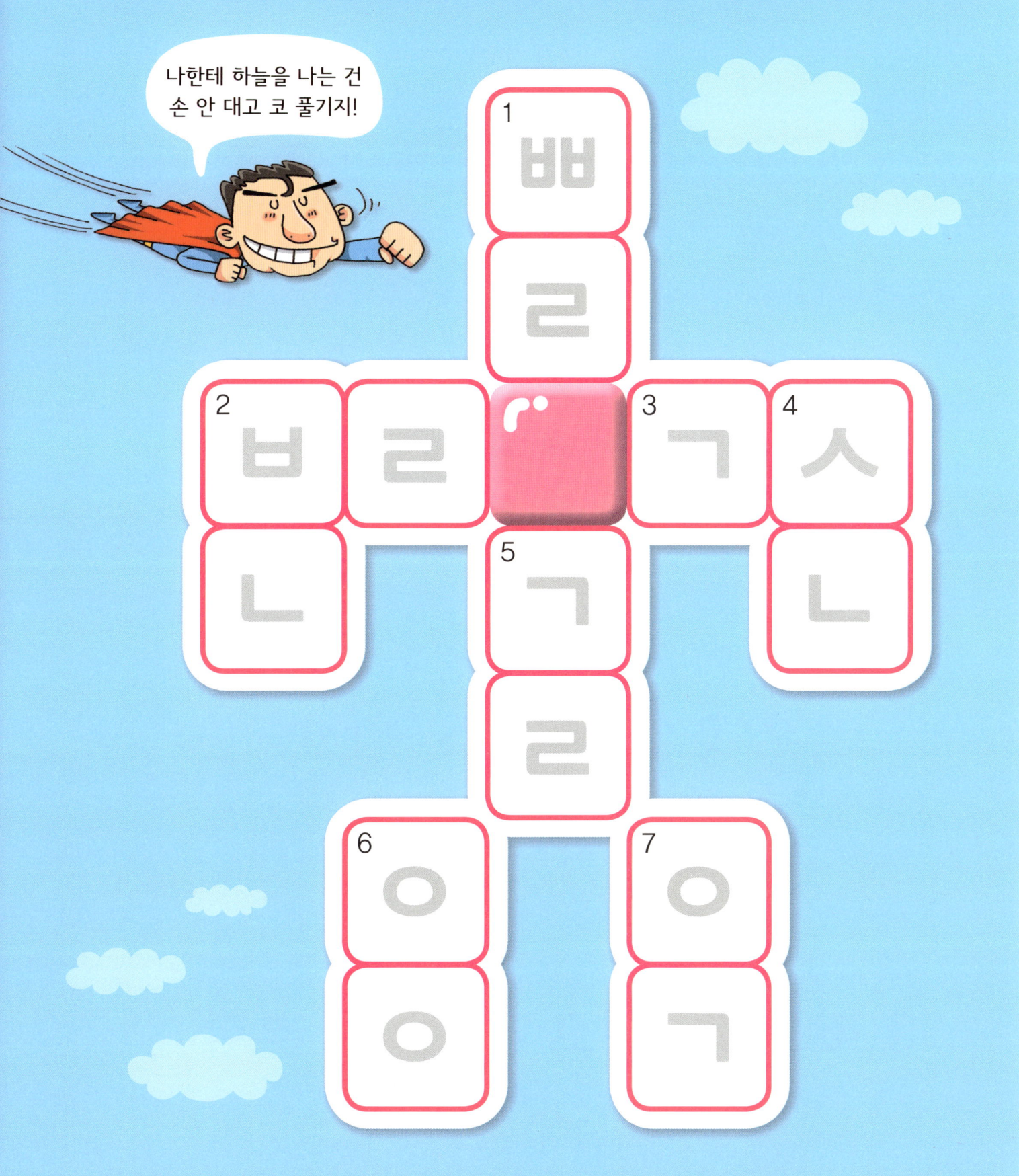

속담 초성 게임

ㅂㄷ 까마귀 어물전 돌듯

배부른 ㄴㅇ
잠도 ㅁㄷ

볶은 콩에 ㅆㅇ 날까

ㅃㄷ 따고 ㅇㄷ 본다

초성 글자에 알맞은 말을 떠올려 속담을 완성해 보세요.

사람 나고 ㄷ 났지
ㄷ 나고 사람 났나

사람 위에 ㅅㄹ 없고
사람 밑에 ㅅㄹ 없다

사람은 죽으면 ㅇㄹ을 남기고
범은 죽으면 ㄱㅈ을 남긴다

사람이 천 냥이면
눈이 ㅍㅂㄴ이다

속담 사다리 타기

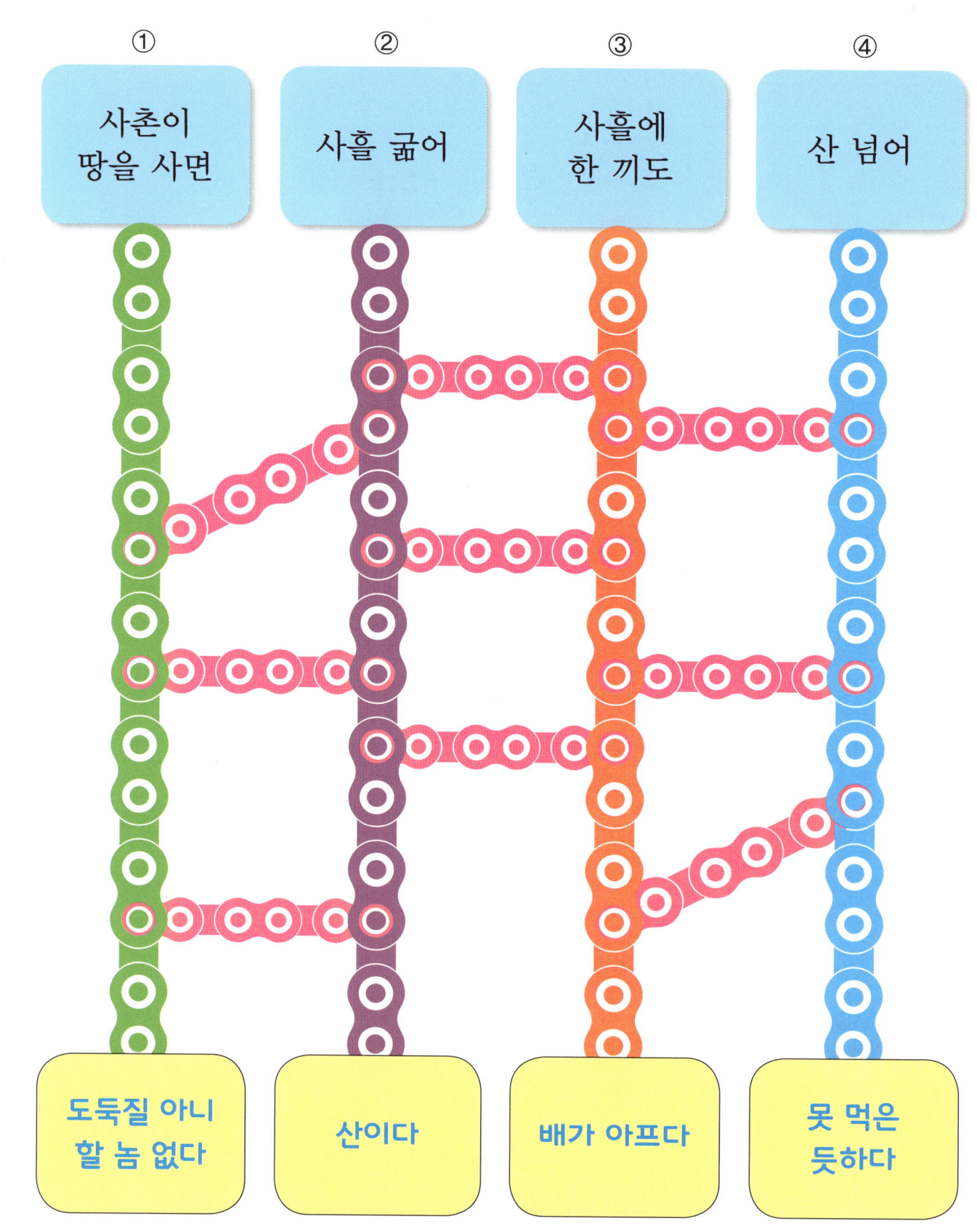

요리조리 사다리를 타 속담을 완성해 보세요.

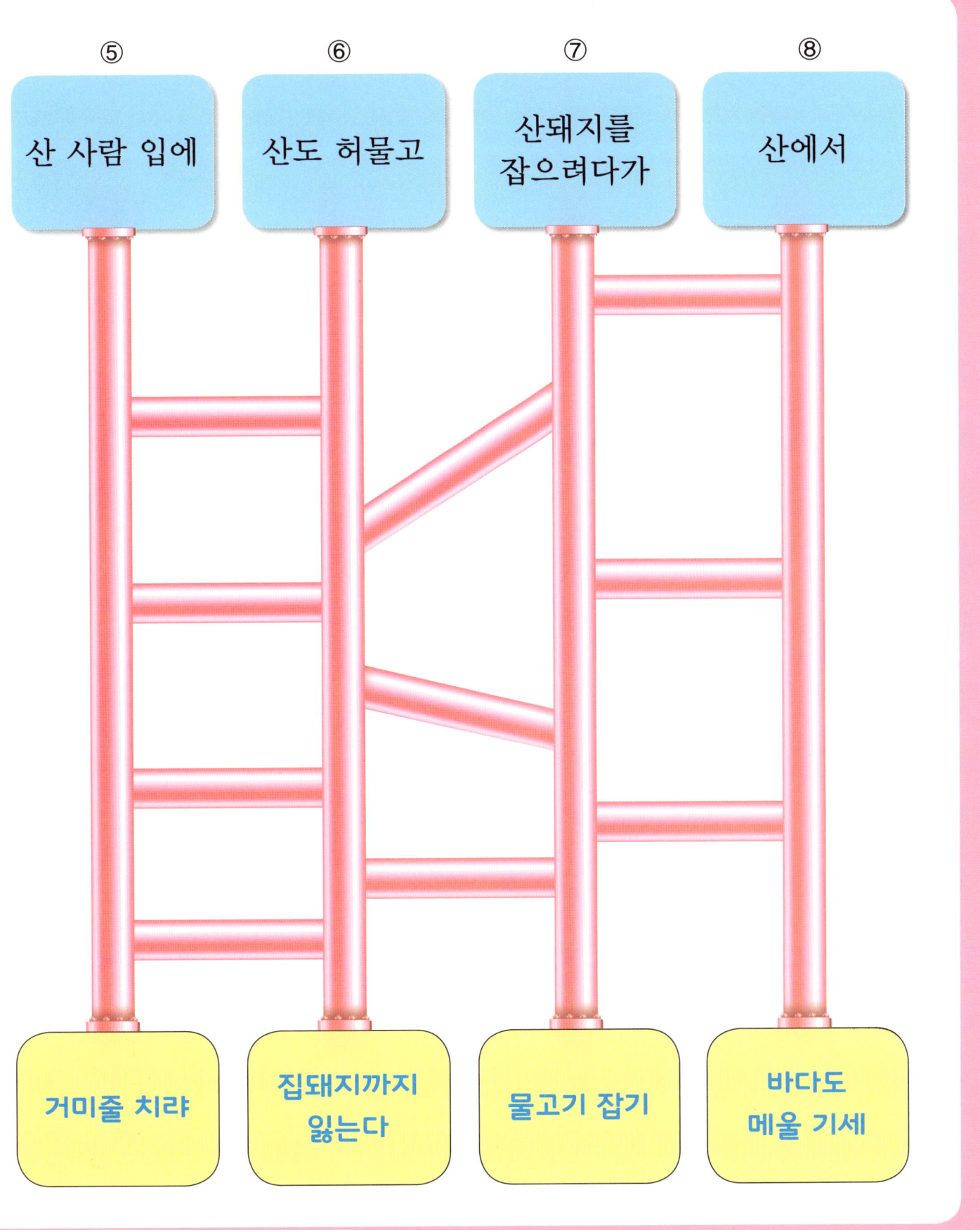

속담 바둑 퍼즐

초	록	색	고	기	앉
바	다	봄	맞	이	행
초	과	높	아	야	밝
피	김	파	노	라	마
명	작	앉	리	생	요
오	리	는	토	일	생
고	기	다	도	날	선

- 산엘 가야 꿩을 잡고 (ㅂㄷ)엘 가야 (ㄱㄱ)를 잡는다
- 산이 (ㄴㅇㅇ) 골이 깊다
- 새 발의 (ㅍ)
- 새도 가지를 가려서 (ㅇㄴㄷ)
- (ㅅㅇㄴ) 잘 먹으려고 이레를 굶는다

( ) 안에 들어갈 알맞은 말을 바둑판에서 찾아 ◯로 묶어 보세요.

서	읽	사	람	기	책
막	당	놀	아	줍	기
내	통	서	옮	아	고
김	흙	방	첫	날	밤
동	씻	어	포	구	항
생	모	른	다	칫	햇
야	님	생	선	풍	월

- (ㅅㄷ) 개 삼 년에 (ㅍㅇ)을 한다
- 서울 가서 (ㄱ) (ㅅㅂ) 찾기
- 서투른 도둑 (ㅊㄴㅂ)에 들킨다
- 설 자리 앉을 자리 (ㅁㄹㄷ)
- 설마가 (ㅅㄹ) 잡는다

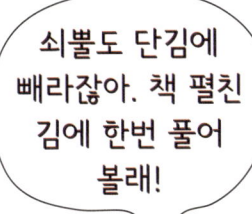

쇠뿔도 단김에 빼라잖아. 책 펼친 김에 한번 풀어 볼래!

속담 완성하기

어릴 때부터 나쁜 버릇이 들지 않도록 잘 가르쳐야 함을 비유적으로 이르는 말.

세 살 적 ㅂㄹ이 ㅇㄷ까지 간다

일이 잘못된 뒤에는 손을 써도 아무 소용이 없다는 말.

소 잃고 ㅇㅇㄱ 고친다

기대에 비하여 실속이 없거나 소문이 실제와는 다른 경우를 뜻하는 말.

소문난 ㅈㅊ에 먹을 것이 없다

속담 풀이를 읽고 □ 안에 알맞은 말을 써넣어 속담을 완성해 보세요.

속 내용은 모르고 겉만 건드린다는 말.

ㅅㅂ 겉 핥기

제 분수를 모르고 아무 생각 없이 남을 따라서 설치는 모습을 나타내는 말.

숭어가 뛰니까 ㅁㄷㅇ도 뛴다

값이 싼 물건은 품질도 그만큼 나쁘다는 말.

싼 것이 ㅂㅈㄸ

속담 연결하기

속담과 풀이가 서로 어울리는 것을 찾아 선으로 연결해 보세요.

 송충이는 솔잎을 먹어야 한다 •

• 세월이 흐르면 모든 것이 다 변한다는 말.

 쇠귀에 경 읽기 •

• 사람은 누구나 자기 처지와 상황, 분수에 맞게 살아야 한다는 말.

 시작이 반이다 •

• 일은 시작하기가 어렵지 일단 시작하면 끝마치기는 어렵지 않다는 말.

 십 년이면 강산도 변한다 •

• 아무리 가르쳐 주어도 알아듣지 못하거나 효과가 없는 경우를 일컫는 말.

4 지혜력을 키워 주는 속담

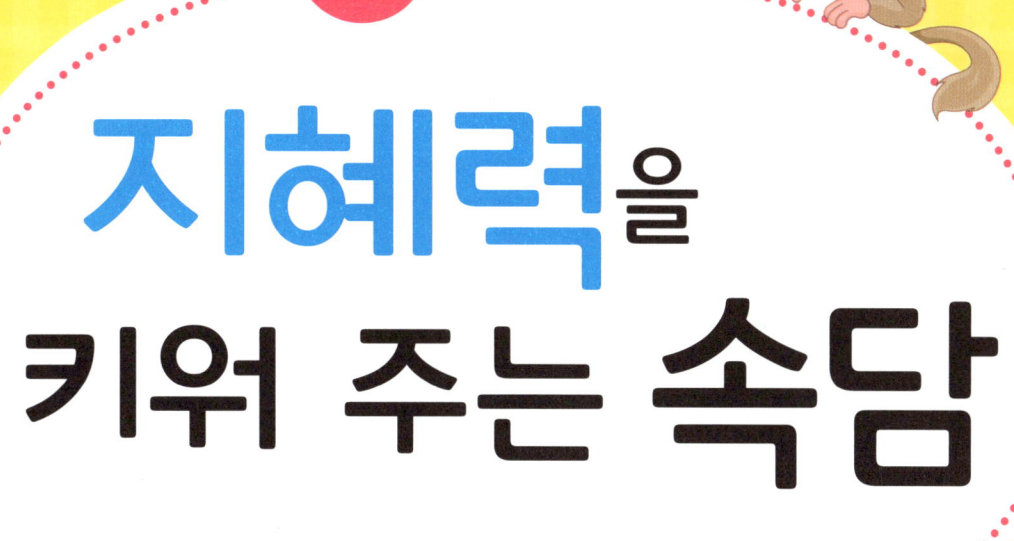

속담 초성 낱말 퍼즐

가로 길잡이

1. ○○ 덕에 나팔 분다
   힌트! 고을의 원을 높여 이르던 말. '원'에 '님' 자를 붙임.

3. ○○ 코끼리 만지는 격
   힌트! 앞을 보지 못하는 시각 장애인.

4. ○○이 없으면 이가 시리다
   힌트! 입 가장자리 위아래에 붙어 있는 얇고 부드러운 살.
   앵두 같은 ○○.

6. 약방에 ○○
   힌트! 단맛이 나는 약초로, 달여서 마시는 한약에 들어감.

세로 길잡이

1. ○○는 외나무다리에서 만난다
   힌트! 원한이 맺힐 정도로 자기에게 해를 끼친 사람이나 집단.
   두 집안은 ○○ 사이예요. ○○를 갚아라!

2. ○○ 똥은 개도 안 먹는다
   힌트! 옛날에 서당에서 글을 가르치던 선생님.

5. ○○에 배부르랴
   힌트! 음식을 먹을 때에, 처음으로 드는 숟갈.

7. ○○은 동색.
   힌트! 나뭇잎이나 풀잎의 색. 연두색보다 진함.

가로세로 길잡이 글을 잘 읽고 속담 초성 낱말 퍼즐을 완성해 보세요.

나 진짜 울며 겨자 먹기로 하는 거야!

속담 초성 게임

아는 것이 ㅂ

ㅇㄴ 길도
ㅁㅇㅅ 가랬다

아니 땐 ㄱㄸ에
ㅇㄱ 날까

아이 ㅆㅇ이
어른 ㅆㅇ 된다

초성 글자에 알맞은 말을 떠올려 속담을 완성해 보세요.

안 되는 사람은 [뒤로] 넘어져도 [코가] 깨진다

앉아 주고 [서서] 받는다

앓던 [이가] [빠진] 것 같다

앞길이 [구만] 리 같다

속담 사다리 타기

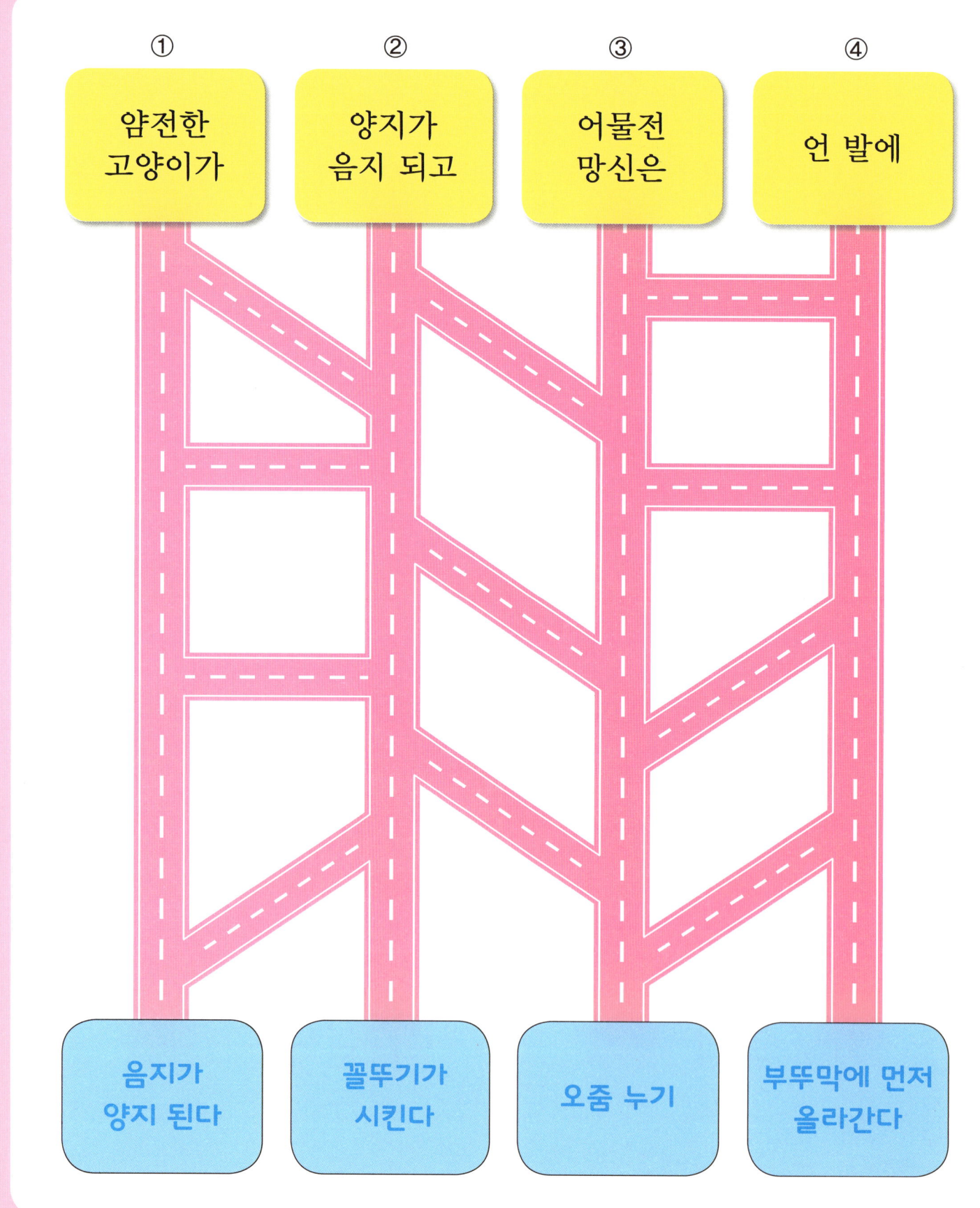

요리조리 사다리를 타 속담을 완성해 보세요.

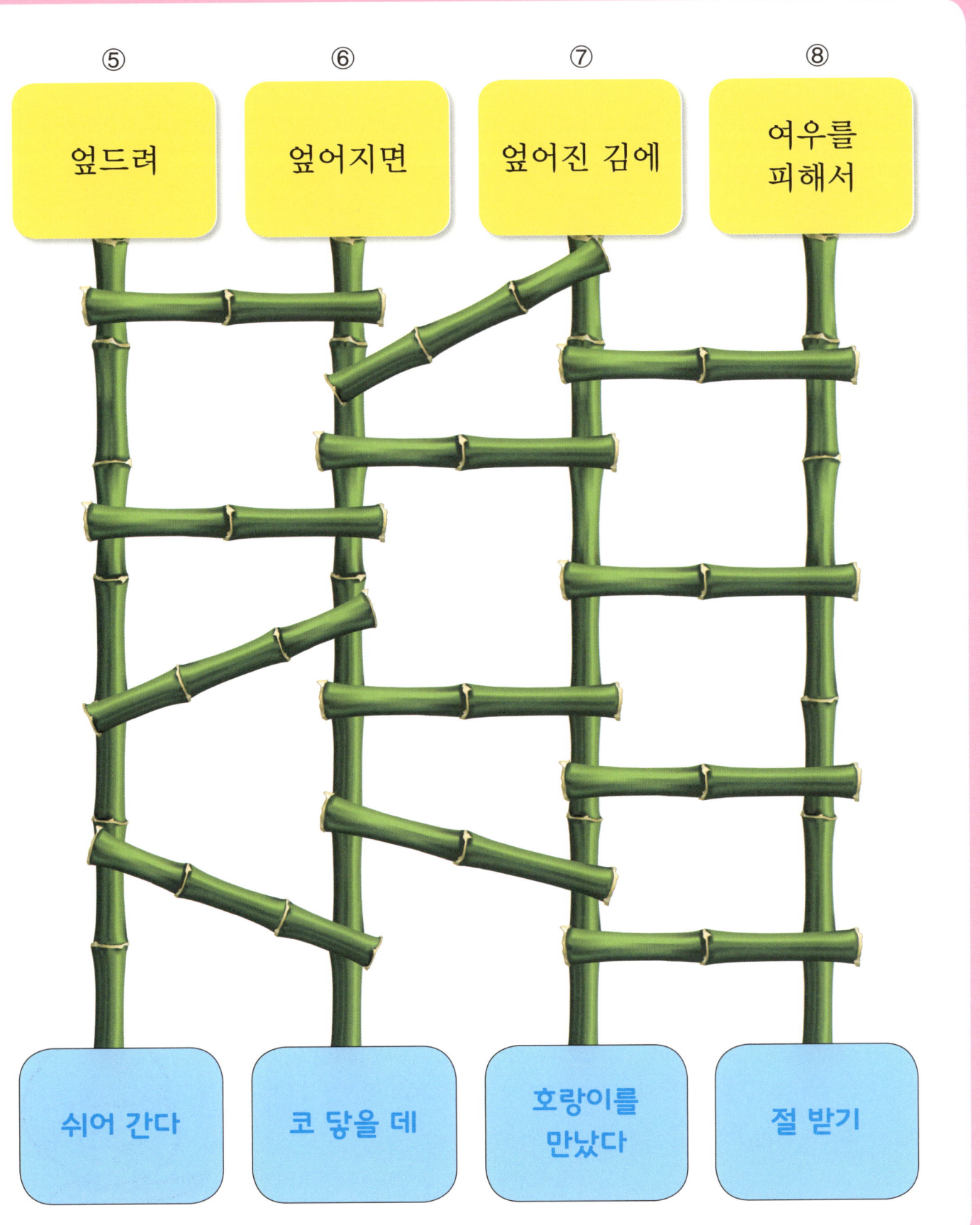

속담 바둑 퍼즐

금	강	오	산	물	관
여	알	뉴	총	속	광
구	자	월	학	성	잿
나	진	달	사	래	밥
무	손	오	람	공	아
잎	가	폭	염	불	도
새	락	포	서	로	마

- (ㅇㅈ)가 한을 품으면 (ㅇㄴㅇ)에도 서리가 내린다
- 열 길 (ㅁㅅ)은 알아도 한 길 (ㅅㄹ)의 속은 모른다
- 열 번 찍어 아니 넘어가는 (ㄴㅁ) 없다
- 열 (ㅅㄱㄹ) 깨물어 안 아픈 손가락이 없다
- (ㅇㅂ)에는 마음이 없고 (ㅈㅂ)에만 마음이 있다

( ) 안에 들어갈 알맞은 말을 바둑판에서 찾아 ◯로 묶어 보세요.

새	민	옷	달	팽	옛
단	편	작	고	나	사
새	고	감	기	양	람
개	구	리	벽	창	호
쇠	고	기	숭	늉	통
뿔	우	록	별	일	개
도	울	지	파	라	궁

- 오뉴월 (ㄱㄱ)는 (ㄱ)도 아니 걸린다
- 옷은 (ㅅ)(ㅇ)이 좋고 사람은 (ㅇ)(ㅅㄹ)이 좋다
- 우물 안 (ㄱㄱㄹ)
- 우물에 가 (ㅅㄴ) 찾는다
- (ㅇㅁ)을 파도 한 우물을 (ㅍㄹ)

속담 완성하기

남이 하는 말이나 행동을 그대로 따라 하는 사람을 두고 하는 말.

아이 보는 데서는 ㅊㅁ 도 못 먹는다

사람이 몹시 쌀쌀맞고 냉정함을 뜻하는 말.

앉은 자리에 ㅍ 도 안 나겠다

자기를 알아주거나 청하여 주는 데는 없어도 자기로서는 가야 할 데나 할 일이 많다는 말.

오라는 데는 없어도 ㄱ 데는 많다

속담 풀이를 읽고 □ 안에 알맞은 말을 써넣어 속담을 완성해 보세요.

자기 능력이나 형편에 맞지 않는 일은 욕심내지 말라는 말.

오르지 못할 ㄴㅁ 는 쳐다보지도 마라

나무랄 데 없이 훌륭하거나 좋은 것에 있는 사소한 흠을 이르는 말.

옥에 ㅌ

무슨 일이든 자신이 원하는 것을 겉으로 드러내야 쉽게 구할 수 있다는 말.

우는 아이 ㅈ 준다

속담 초성 낱말 퍼즐

가로 길잡이

1. ○○ 따라 강남 간다
   힌트! 가깝게 오래 사귄 사람. 놀이터에서 ○○와 놀았어요.

3. ○○○ 있는 것이 무식을 면한다
   힌트! 아무 말 없이 가만히. 아무 말 하지 말고 ○○○ 좀 있어라.

5. ○○○도 밟으면 꿈틀한다
   힌트! 흙 속에서 살고 가늘고 길며 많은 마디로 이루어져 있는 동물.

6. 콩으로 ○○를 쑨다 하여도 곧이듣지 않는다
   힌트! 콩을 삶아서 찧은 다음, 덩이를 지어서 띄워 말린 것. 이것으로 간장, 된장, 고추장 따위를 담금.

세로 길잡이

2. 하늘이 무너져도 솟아날 ○○이 있다
   힌트! 뚫어지거나 파낸 자리. 생쥐가 벽에 난 ○○으로 쏙 들어갔어요.

4. ○○ 보고 놀란 가슴 솥뚜껑 보고 놀란다
   힌트! 거북과 비슷하나 등딱지의 중앙선 부분만 단단하고, 다른 부분은 부드러운 피부로 덮여 있는 동물.

5. ○○이면 감천
   힌트! 지극한 정성.

7. ○○○ 털어 먼지 안 나오는 사람 없다
   힌트! 옷의 한 부분에 헝겊을 덧대어 무엇을 넣도록 만든 부분.

가로세로 길잡이 글을 잘 읽고 속담 초성 낱말 퍼즐을 완성해 보세요.

지성이면 감천이라고, 이렇게 열심히 하는데 속담왕이 안 되겠어?

속담 초성 게임

웃는 ㄴ ㅇ ㅊ 뱉으랴

ㅇㅅㅇ 도 ㄴㅁㅇㅅ 떨어진다

윗물이 ㅁㅇㅇ
아랫물이 ㅁㄷ

음지가 ㅇㅈ 되고
양지가 ㅇㅈ 된다

초성 글자에 알맞은 말을 떠올려 속담을 완성해 보세요.

자다가 ㅂㅈ 두드린다

작은 ㄱㅊ가 더 ㅁㄷ

종로에서 ㅃ 맞고 ㅎㄱ에 가서 눈 흘긴다

집에서 새는 ㅂㄱㅈ는 들에 가도 샌다

속담 사다리 타기

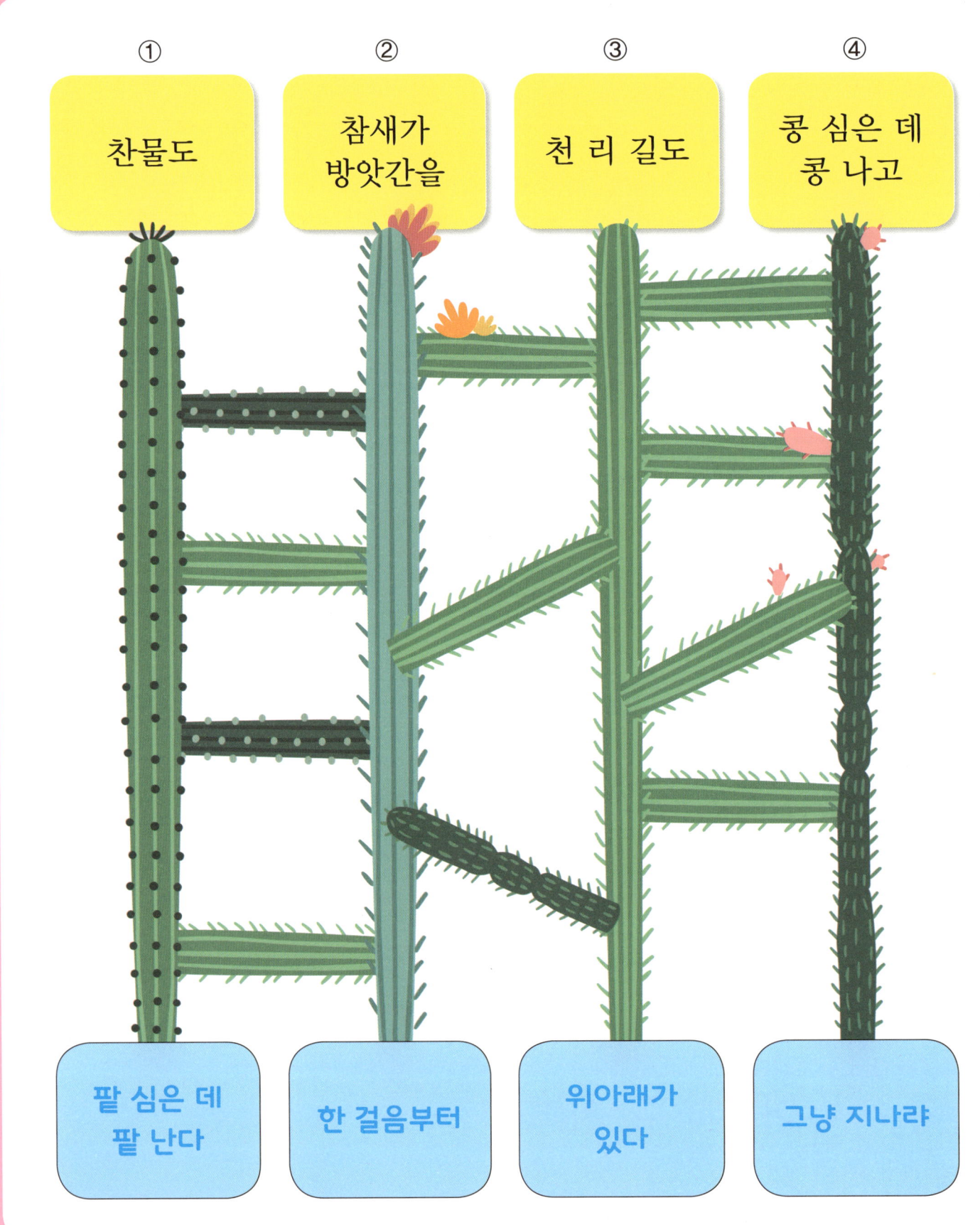

요리조리 사다리를 타 속담을 완성해 보세요.

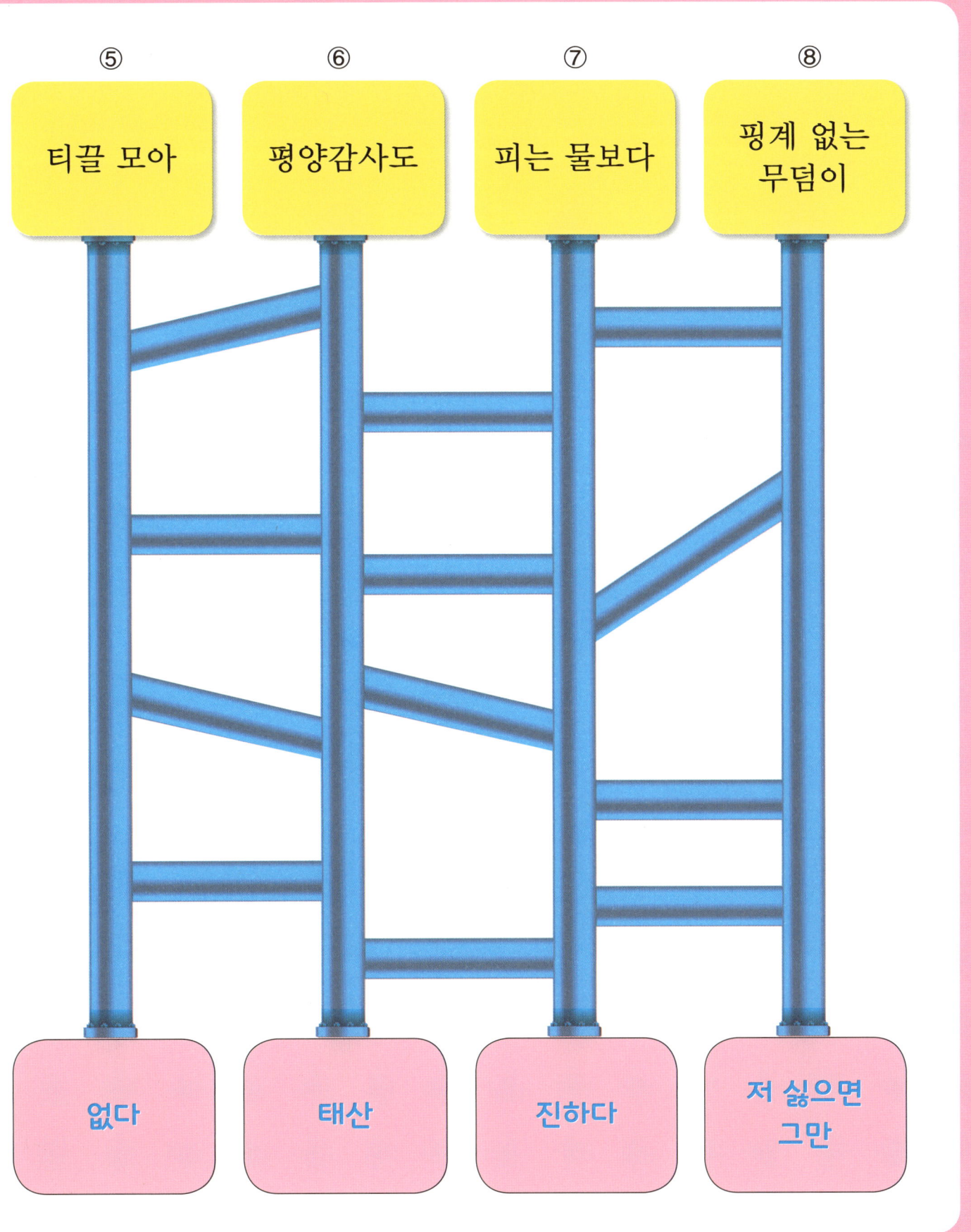

속담 바둑 퍼즐

토	라	앉	백	쳤	땅
다	하	늘	니	습	으
지	푸	라	기	앉	로
스	옳	지	모	른	다
스	냉	삼	삽	겹	올
로	하	룻	강	아	지
멀	리	강	푸	지	풀

- 하나를 알면 (ㅂ)을 안다
- 하나만 알고 둘은 (ㅁㄹㄷ)
- (ㅎㄴ)로 올라갔나 (ㄸㅇㄹ) 들어갔나
- 하늘은 (ㅅㅅㄹ) 돕는 자를 돕는다
- (ㅎㄹㄱㅇㅈ) 범 무서운 줄 모른다

난 하나를 알면 백을 아는 똑똑이야! 속담쯤은 식은 죽 먹기지!

( ) 안에 들어갈 알맞은 말을 바둑판에서 찾아 ◯로 묶어 보세요.

봄	속	두	말	하	기
맞	는	이	대	청	소
호	다	미	세	먼	새
랑	치	던	지	기	끼
이	시	루	접	정	차
선	을	린	다	번	개
군	고	구	마	안	정

- 한 귀로 듣고 한 귀로 (ㅎㄹㄷ)
- 한 번 속지 두 번 안 (ㅅㄴㄷ)
- 한 입으로 (ㄷㅁㅎㄱ)
- 한강에 돌 (ㄷㅈㄱ)
- (ㅎㄹㅇ) 굴에 가야 호랑이 (ㅅㄲ)를 잡는다

나 한 입으로 두말하는 돼지 아니야. 진짜 다이어트 한다니까!

속담 완성하기

빼어난 인재가 없는 곳에서 별 볼 일 없는 사람이 나선다는 말.

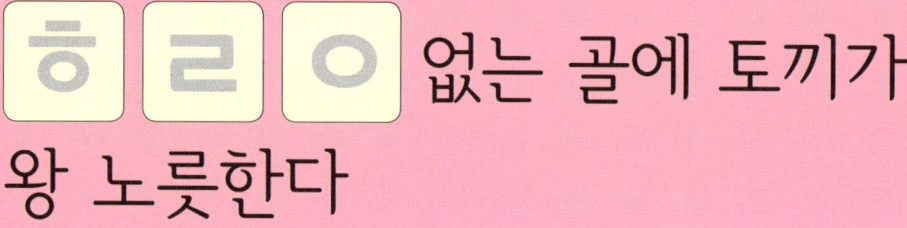 없는 골에 토끼가 왕 노릇한다

다른 사람에 대해 이야기를 하는데, 우연히 그 사람이 나타났을 때 쓰는 말.

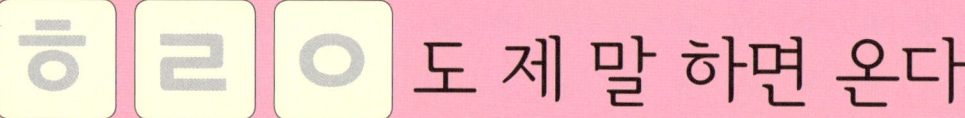 도 제 말 하면 온다

아무리 위급한 일을 당하더라도 정신만 차리면 빠져나갈 방법이 있다는 말.

호랑이에게 물려 가도 ㅈㅅ만 차리면 산다

속담 풀이를 읽고 □ 안에 알맞은 말을 써넣어 속담을 완성해 보세요.

적은 힘으로 할 수 있는 일에 쓸데없이 많은 힘을 들인다는 말.

호미로 막을 것을 ㄱㄹ 로 막는다

심술궂고 잔혹한 짓을 이르는 말.
또는 하기 쉬운 일을 이르는 말.

호박에 ㅁㄸ 박기

뜻밖에 좋은 물건을 얻거나 행운을 만났다는 말.

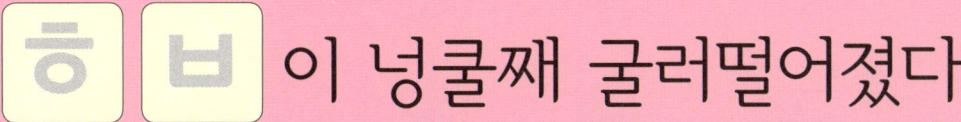
ㅎㅂ 이 넝쿨째 굴러떨어졌다

속담 연결하기

속담과 풀이가 서로 어울리는 것을 찾아 선으로 연결해 보세요.

 한강에 돌 던지기 • • 열심히 노력해도 별다른 효과가 없거나, 쓸데없는 헛수고를 한다는 말.

 혀 아래 도끼 들었다 • • 부담스러운 일을 덜어 내려고 하다가 더 큰 골칫거리를 안게 되었다는 말.

 혹 떼러 갔다 혹 붙여 온다 • • 입에서 나오는 말은 남을 해칠 수 있으니 말조심을 해야 한다는 말.

 황소 뒷걸음치다가 쥐 잡는다 • • 우연히 좋은 결과를 얻은 경우를 일컫는 말.

정답

5쪽

6쪽 가까운, 먼 / 장날 / 채찍질 / 옷

7쪽 나무, 바람 / 고래, 새우, 등 / 서, 말, 보배 / 구르는, 재주

12쪽 간, 쓸개 / 다홍치마 / 똥

13쪽 개, 상팔자 / 개똥, 약 / 이승

16쪽 싫어도, 주기는 / 숲을 / 새가, 쥐가 / 코, 석

17쪽 냉수, 쑤시기 / 피하니, 범 / 떡, 먹기 / 도둑이, 모른다

15쪽

8~9쪽

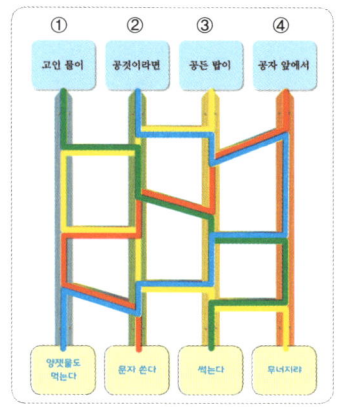 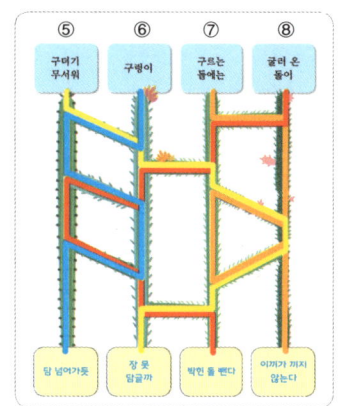

① 사람이 발전하지 않고 제자리에 머물러 있으면, 남보다 뒤처진다는 말.
② 공짜라면 닥치는 대로 가지려고 하는 욕심을 비꼬는 말.
③ 정성을 다하여 한 일은 반드시 좋은 결과를 거둘 수 있다는 말.
④ 지식이 부족한 사람이 자기보다 유식한 사람 앞에서 아는 척한다는 말.
⑤ 방해 요소가 있어도 해야 하는 일은 반드시 해야 한다는 말.
⑥ 어떤 일이나 순간을 얼렁뚱땅 넘기는 것을 빗댄 말.
⑦ 열심히 노력하는 사람은 침체되지 않고 계속 발전한다는 말.
⑧ 새로 들어온 사람이 전부터 있던 사람을 밀어내거나 해치려고 할 때 쓰는 말.

18~19쪽

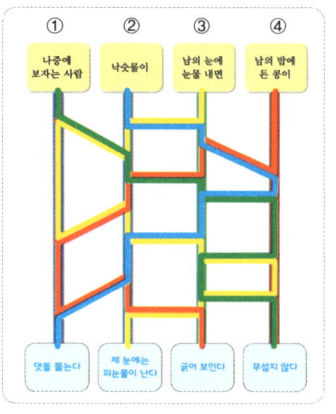 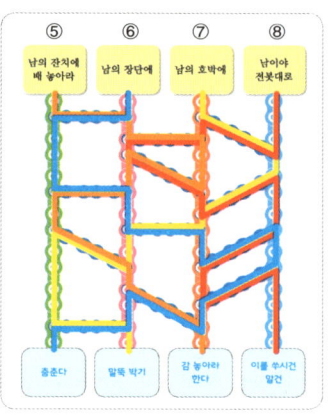

① 나중에 어떻게 하겠다고 말로만 하는 것은 아무 소용없다는 말.
② 작은 힘이라도 꾸준히 계속하면 큰일을 이룰 수 있다는 말.
③ 남에게 악한 짓을 하면 자기는 그보다 더한 벌을 받게 된다는 말.
④ 남의 것이 자기 것보다 좋다고 생각하고 탐내는 마음을 빗댄 말.
⑤ 남의 일에 공연히 나서서 쓸데없는 참견을 한다는 말.
⑥ 자기 생각은 없고, 남이 하는 대로 따라 할 때 쓰는 말.
⑦ 남의 일이 잘되어 가는 것을 시기하여 일부러 방해함을 이르는 말.
⑧ 남이 무슨 짓을 하든 상관할 필요가 없다는 말.

10~11쪽

- 구관이 (명관)이다
- 궁지에 빠진 쥐가 (고양이)를 문다
- (귀신) (씻나락) 까먹는 소리
- 귀신이 (곡할) 노릇이다
- 귀에 걸면 (귀걸이), 코에 걸면 (코걸이)

- 그물을 벗어난 (새)
- 긁어 (부스럼)
- 금강산도 (식후경)
- (까마귀) 날자 (배) 떨어진다
- 꾸다 놓은 (보릿자루)

20~21쪽

- (나간) 사람의 (몫)은 있어도 (자는) 사람의 몫은 없다
- 나중 (달아난) 놈이 (먼저) 달아난 놈을 비웃는다
- (낫) 놓고 (기역) 자도 모른다
- (냉수) 먹고 속 차려라
- 놓친 (고기)가 더 커 보인다

- 누울 자리 봐가며 발 (뻗어라)
- 누워서 (침) 뱉기
- 누이 좋고 (매부) 좋다
- 눈에 (콩깍지)가 씌었다
- (느릿느릿) 걸어도 황소걸음

22쪽 새 / 흔드는 / 능하지
23쪽 팥고물 / 다리 / 아웅
24쪽

27쪽

28쪽 밥에, 뿌리기 / 삼키고, 뱉는다 / 오리발 / 도토리
29쪽 돌다리, 두들겨 / 번쩍, 번쩍 / 호박씨 / 땅, 헤엄치기

30~31쪽

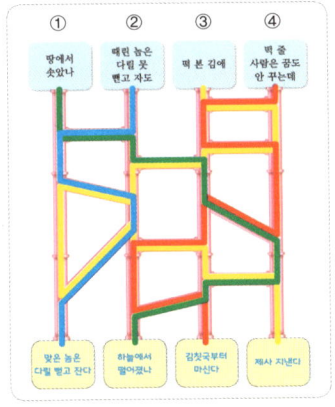

① 기대하지 않은 것이 갑자기 나타남을 이르는 말.
② 피해를 준 사람은 불안하지만 피해를 당한 사람은 마음이 편하다는 말.
③ 마침 좋은 기회가 생겼을 때에 원래 하려고 한 일까지 한다는 말.
④ 상대편은 줄 생각을 하지 않는데 받을 준비부터 한다는 말.
⑤ 일이 급할 때는 애원하며 매달리다가 그 일을 마치고 나면 모른 체 한다는 말.
⑥ 큰 결점을 가지고 있는 사람이 남의 작은 결점을 흉본다는 말.
⑦ 겉 모양은 보잘것없지만 내용은 훌륭하다는 말.
⑧ 아무리 재주가 뛰어나다고 하더라도 그보다 더 뛰어난 사람이 있다는 말.

32~33쪽

- 뛰어야 (벼룩)
- 말 많은 집은 (장맛)도 쓰다
- 말 한마디에 (천) (냥) (빚)도 갚는다
- 말은 해야 맛이고 (고기)는 씹어야 맛이다
- 매도 (먼저) 맞는 놈이 낫다

- 먼 (사촌)보다 가까운 (이웃)이 낫다
- (메뚜기)도 유월이 한철이다
- 모로 가도 (서울)만 가면 된다
- 목구멍이 (포도청)
- 목마른 놈이 (우물) 판다

34쪽 희소식 / 바늘 / 생쥐
35쪽 지푸라기 / 고기 / 용
37쪽

38쪽 게, 감추듯 / 귀신 / 씨가 / 국
39쪽 꼬리, 개 / 물, 탄, 듯, 술, 탄, 듯 / 놈, 봇짐 / 깊어야

40~41쪽

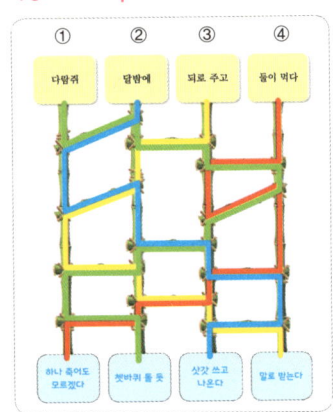
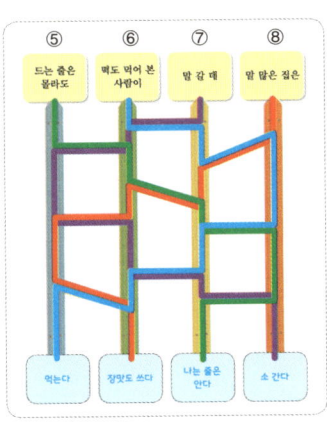

① 날마다 똑같은 일만 되풀이하여 발전이 없다는 말.
② 가뜩이나 미운 사람이 더 미운 짓만 함을 빗댄 말.
③ 조금 주고, 그 몇 배나 많이 되돌려 받는다는 말.
④ 음식이 무척 맛있다는 말.
⑤ 사람이나 재물이 붙는 것은 눈에 잘 띄지 않지만, 줄어드는 것은 곧 알 수 있다는 말.

정답

⑥ 어떤 일이든 해 본 사람이 할 줄 알고, 늘 하는 사람이 더 잘한다는 말.
⑦ 안 갈 데를 간다는 말. 또는 남이 할 수 있는 일이면 나도 할 수 있다는 말.
⑧ 쓸데없는 말이 많으면 살림이 잘되지 않는다는 말.

42~43쪽

- 말똥도 세 번 굴러야 (제자리)에 선다
- 모르면 (약)이요 아는 게 (병)
- 물 부어 샐 (틈) 없다
- 미꾸라짓국 먹고 (용트림)한다
- (미꾸라지) 한 마리가 온 (웅덩이)를 흐려 놓는다

- 미끄러진 김에 (쉬어) 간다
- (미운) 아이 떡 (하나) 더 준다
- 미운 정 (고운) 정
- 믿는 (도끼)에 (발등) 찍힌다
- 밑져야 (본전)

44쪽 굴뚝 / 친정어미 / 뼈
45쪽 말 / 청산유수 / 튼튼
46쪽

49쪽

```
      ¹부 부
        자
³손 ⁴바 닥   ⁵백 지 장
    위       번
        ⁶뱁 새
           벽
           달
```

50쪽 바늘, 실 / 도둑, 도둑 / 황소바람 / 하늘
51쪽 말, 천 / 배꼽, 더, 크다 / 콩 / 부채질

52~53쪽

 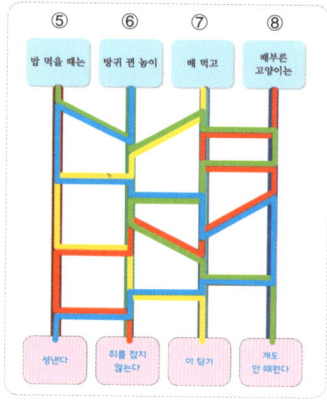

① 단단하고 빈틈이 없다는 말.
② 사람의 욕심은 끝이 없어서 결코 채울 수 없다는 말.
③ 모든 일에서 알맞은 기회를 알지 못함을 이르는 말.
④ 원한이나 은혜는 시간이 지나면 잊기 쉽다는 말.
⑤ 음식을 먹을 때는 때리거나 꾸짖지 말라는 말.
⑥ 잘못을 저지른 사람이 도리어 화를 내는 것을 비꼬는 말.
⑦ 한 가지 일을 해서 두 가지 이로움을 얻을 때 쓰는 말.
⑧ 가난한 사람은 부지런하지만 잘사는 사람은 게으르다는 말.

54~55쪽

- 번개가 잦으면 (천둥)을 한다
- 범도 죽을 때 제 굴에 가서 (죽는다)
- 벙어리 (냉가슴) 앓듯
- 벼 이삭은 익을수록 (고개를) 숙인다
- 벼룩도 (낯짝)이 있다

- 벽에도 (귀)가 있다
- (병) 주고 (약) 준다
- 보기 좋은 떡이 (먹기도) 좋다
- (부뚜막)의 (소금)도 집어넣어야 짜다
- 불난 집에 (부채질)한다

56쪽 날아갈 / 땅 / 밤길
57쪽 수레 / 초가삼간 / 개살구
60쪽 병든 / 놈이, 많다 / 싹이 / 뽕도, 임도
61쪽 돈, 돈 / 사람, 사람 / 이름, 가죽 / 팔백, 냥

59쪽

```
        ¹뿌
          리
²바 람   감 ⁴사
  늘   그   냥
        릇
⁶잉    ⁷얼
 어    굴
```

62~63쪽

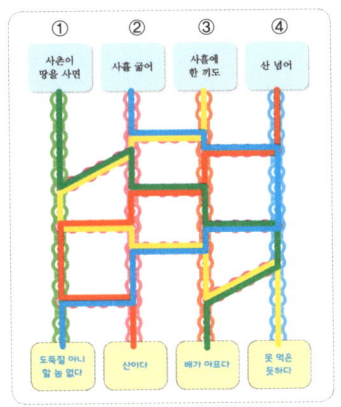
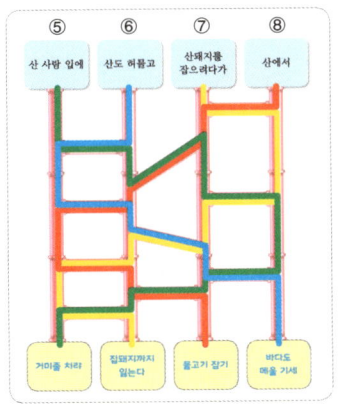

① 남이 잘되는 것을 질투하고 시기함을 빗댄 말.
② 착한 사람도 궁하게 되면 못하는 짓이 없다는 말.
③ 사람이 초췌하여 풀이 죽고 기운이 없어 보임을 빗댄 말.
④ 갈수록 어려움이 점점 더 심해진다는 말.
⑤ 형편이 어려워도 그럭저럭 살아가기 마련이란 말.
⑥ 어떤 어려운 일도 해내려는 왕성한 기세를 이르는 말.
⑦ 욕심을 부리다가 가지고 있던 것까지 잃어버리게 됨을 빗댄 말.
⑧ 불가능한 일을 하려고 애쓰는 어리석음을 빗댄 말.

64~65쪽

- 산엘 가야 꿩을 잡고 (바다)엘 가야 (고기)를 잡는다.
- 산이 (높아야) 골이 깊다
- 새 발의 (피)
- 새도 가지를 가려서 (앉는다)
- (생일날) 잘 먹으려고 이레를 굶는다

- (서당) 개 삼 년에 (풍월)을 한다
- 서울 가서 (김) (서방) 찾기
- 서투른 도둑 (첫날밤)에 들킨다
- 설 자리 앉을 자리 (모른다)
- 설마가 (사람) 잡는다

66쪽 버릇, 여든 / 외양간 / 잔치
67쪽 수박 / 망둥이 / 비지떡

68쪽

71쪽

72쪽 병 / 아는, 물어서 / 굴뚝, 연기 / 싸움, 싸움
73쪽 뒤로, 코가 / 서서 / 이가, 빠진 / 구만

74~75쪽

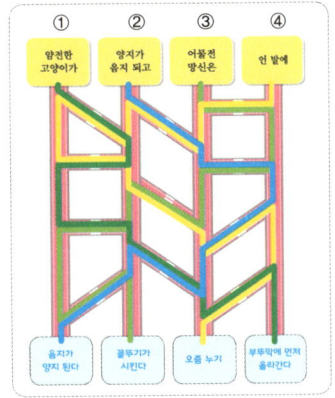
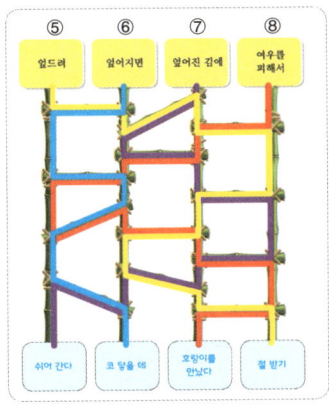

① 겉으로 착해 보이는 사람이 뒤로는 자기 실속을 다 차리는 경우를 빗댄 말.
② 살다 보면 좋을 때도 있고 나쁠 때도 있기 마련이라는 말.
③ 못난 말과 행동으로 자신뿐만 아니라 속해 있는 집단의 품위를 떨어뜨리는 경우를 일컫는 말.
④ 잠깐 효과를 보더라도 오래가지 않으며, 상황이 더 나빠지게 되는 것을 뜻하는 말.
⑤ 상대는 마음에 없는데 자기가 먼저 요구하여 대접을 받는 경우를 이르는 말.
⑥ 무척 가까운 거리라는 말.
⑦ 뜻하지 않은 기회를 만나 자기가 하려고 하던 일을 이룬다는 말.
⑧ 갈수록 더욱더 힘든 일을 당함을 빗댄 말.

정답

76~77쪽

- (여자)가 한을 품으면 (오뉴월)에도 서리가 내린다
- 열 길 (물속)은 알아도 한 길 (사람)의 속은 모른다
- 열 번 찍어 아니 넘어가는 (나무) 없다
- 열 (손가락) 깨물어 안 아픈 손가락이 없다
- (염불)에는 마음이 없고 (잿밥)에만 마음이 있다

- 오뉴월 (감기)는 (개)도 아니 걸린다
- 옷은 (새) (옷)이 좋고 사람은 (옛) (사람)이 좋다
- 우물 안 (개구리)
- 우물에 가 (숭늉) 찾는다
- (우물)을 파도 한 우물을 (파라)

78쪽 찬물 / 풀 / 갈

81쪽

79쪽 나무 / 티 / 젖

82쪽 낮에, 침 / 원숭이, 나무에서 / 맑아야, 맑다 / 양지, 음지

83쪽 봉창 / 고추, 맵다 / 뺨, 한강 / 바가지

84~85쪽

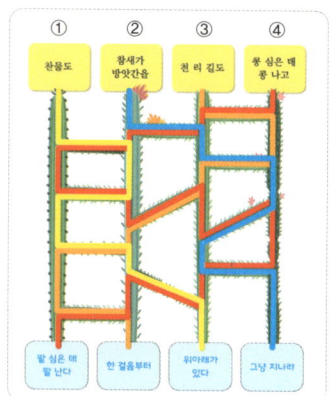 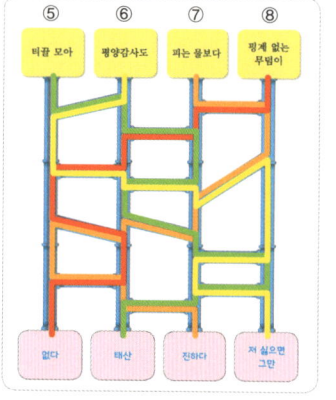

① 어떤 일이든 정해진 차례를 따라야 한다는 말.
② 자기가 좋아하는 곳을 그냥 지나갈 수 없다는 말. 또는 욕심 많은 사람이 자기에게 이익이 되는 일을 보고 가만있지 못한다는 말.
③ 시작의 중요성을 강조하는 말.
④ 모든 일은 원인에 따라서 결과가 생긴다는 말.
⑤ 티끌처럼 작은 것이라도 모이다 보면 언젠가 큰 덩어리가 된다는 말.
⑥ 본인이 싫어하는 일은 억지로 할 수도, 시킬 수도 없다는 말.
⑦ 피를 나눈 가족은 남과는 비교할 수 없으리만치 정이 깊고 끈끈하다는 말.
⑧ 아무리 큰 잘못을 저지른 사람이라도 변명거리가 있다는 말.

86~87쪽

- 하나를 알면 (백)을 안다
- 하나만 알고 둘은 (모른다)
- (하늘)로 올라갔나 (땅으로) 들어갔나
- 하늘은 (스스로) 돕는 자를 돕는다
- (하룻강아지) 범 무서운 줄 모른다

- 한 귀로 듣고 한 귀로 (흘린다)
- 한 번 속지 두 번 안 (속는다)
- 한 입으로 (두말하기)
- 한강에 돌 (던지기)
- (호랑이) 굴에 가야 호랑이 (새끼)를 잡는다

88쪽 호랑이 / 호랑이 / 정신
89쪽 가래 / 말뚝 / 호박
90쪽